U0139754

后浪

说史记

杨早 著

小说一样的历史

北京联合出版公司
Beijing United Publishing Co.,Ltd.

目　录

1

第二辑　商界纵横

第三辑　人间指南

第四辑 名流逸闻

3

小引：用小说法，而以记史

一

鲁迅在《中国小说史略》中评《聊斋志异》是"用传奇法，而以志怪"，意思是蒲松龄是用唐传奇的写法，来叙写六朝志怪的题材。同书评唐传奇云："叙述宛转，文辞华艳，与六朝之粗陈梗概者较，演进之迹甚明。"倘以"叙述宛转，文辞华艳"八字来评《聊斋志异》，确实也很贴切。纪晓岚看不惯蒲松龄的地方，怕也在这里：蒲松龄把子虚乌有的事写得太细密、太逼真，不可能是从乡野村老那里听来的故事转述，里面灌注了作者自己无限的想象力。

莫言说他继承了蒲松龄的传统，论者多集中于研究两人同致力于民间故事的挖掘，而忽略了"叙述宛转，文辞华艳"的一脉相承。其实再溯源头，就该是"无韵之离骚"《史记》。司马迁写鸿门宴，写荆轲刺秦，三翻四叠，动人心魄，实开唐传奇之先河。王小波重写唐人故事，从《甘泽谣》《无双传》《虬髯客传》抓取情节人物，更是将古今熔于一炉。

二

前面的帽子很大，罗列名家，好像他们跟《说史记》有什么关联。其实没有。我只是想说，有时"故事"（story）和小说（novel）的区别，或许就在于细节之多寡、进程之平曲、想象力之有无。

曾自况《野史记》是"用新闻法，以写掌故"，古今笔记掌故，多是千篇一律的第三人称全知视角，像纪晓岚这种自命严谨的作者，恨不得每则笔记都道明出处，会不自觉地使用限制视角，也就会留下供读者想象的空白。这是《阅微草堂笔记》的好处。而我有意识地改用一些新闻的写法，因为新闻可以选择从不同在场者的视角进入一个故事，也可以用口述实录的形式，这就让掌故的写法丰富起来。

到了《说史记》，我就在想：要不要有意识地再往前跨一步？掌故还是短小，适合一个截面或片段，有时不得不用"快进"的方式，也很难有细节的描写。如果写得再长一些，耐下心来慢慢进入人物与故事，或许能获得更多元的表达、更现场的感觉。

可是这样一来，难度何止倍增。因为这些故事本已经过了史书的锤炼与浓缩，仿佛一片新鲜的牛羊肉，已经风干日晒成可卷可藏、费牙费劲的肉纸，再要将它泡在水里，想复原成能炒能炸的肉片、肉丁，且不说能做到多高的还原度，水从何来？无非就是各种史料的拼合剔取，再就是作者的"历史想象力"了。

三

历史需不需要想象力？人言人殊。常常需要给别人讲一个道理：史料不是历史，对史料的阐述才是历史。一堆断烂朝报，要连缀拼接成一段看似完整的历史，想象力必然要参与其间。人们常说追寻历史真相，其实得到的只是某种对历史的解释，当然有高下精粗之别，但"真实"只是，用章太炎的话说，"古人之虚言"。

从这个角度上说，历史与小说，同属叙事，它们之间并没有一道不可跨越的藩篱。《史记》就是兼二者之美——这也是纪传体的特色，要写活人物，就不可能不运用文学的手法。即使是编年体，一字之择，片语之炼，写者的倾向自然就在其中，也就引导着读者看向他心中的历史图景。

但总有人很执着地要厘清历史与小说之间的分野。2011年我写《民国了》，先交一个样章《让子弹飞》给出版社，用的是参与武昌事变的一个士兵的视角。被编辑否定，说"读者会分不清是历史还是小说"。我只好放弃这种写法，但没改干净，有几个句子还是主观视角。讽刺的是，《民国了》的版权页上，新闻出版总署给出的分类并不是"通俗历史"，而是"长篇历史小说"……到了2020年出的《元周记》，还是"长篇历史小说"。谢谢。

还有这本书里的《长沙抢米案始末调查》，投给某报历史版，编辑也是说"太像历史小说"而婉拒。发表一篇像小说的历史，又会怎么样呢？莫非能改变读者三观？

四

读者可以只看文章好坏，管你历史还是小说。作者心中，不能没有原则。蝙蝠似禽似兽，但生物学上总会给它个定性。如果你来问我，我会说，我写的还是历史，只不过"用小说法，而以记史"。

《说史记》诸篇的叙事者大都是伪托的，但不等于书里的细节是编造的，可是我也不敢说每一个细节都经得起严格的推敲。我给自己定的原则大抵是：不编情节，对话和场景可以想象，但事件与情节必须有史料记述。《觉醒年代》的编剧说"大事不虚，小事不拘"，我写的历史，跟这部神剧还是不太一样，小事我也拘，但是现场的氛围，确实只能依靠想象。

其实要分清叙事者是否伪托，非常容易，如果实有其人，他会有实在的姓名与身份，否则叙事者只是一个功能性的符号，代表着一种视角，亲历者、旁观者、听闻者……我想追寻的并非清晰的历史阐述，而恰恰是混沌难言的历史现场感，每个人都像瞎子摸象，只了解一部分事实——即使我们这些后世的人，又何尝知晓全部信息？所以这些篇什的目标，就是将近代史这个庞然大物放在一具单筒望远镜里观察，求其细不求其宏。

出于这个目的，我选择的叙事者，往往会是一些小人物，门房、丫鬟、学徒、闲人……最好用的，还是职在录事的记者。为了追寻鲜活的历史场景，我不惮在想象中化身穿越者，用这种另类的方式贴近历史，再贴近一点。

前些年，有一部相声剧对我启发很大，深有共鸣。那是台湾相声瓦舍2006年的作品《蒋先生，你干什么》。剧的第一段落，是两个演员，扮演草船借箭那夜守在岸边的两名曹兵。草船还未抵达江北，一切平静。两名曹兵困守长夜，闲聊打发时光。南方冬季的夜晚湿冷难挨，两名曹兵怀念许昌老家的田地与房屋，饮食风土，唏嘘无语。就这一个片段，终结于一名曹兵"快看，有船来了"的惊呼。在我看来，这一个无凭无稽的片段，比吴宇森鸿篇巨制的《赤壁》更接近历史，比几回书烧死八十三万曹兵的《三国演义》更传神。历史镜头不必总是聚焦在大人物、大事件上，平凡人的悲欢喜乐，更能让我们产生共鸣。

五

《说史记》这样的文体，可以帮助读者贴近历史，那它对作者的益处何在？一位学者写这样的文字，算不算不务正业？我经常会面对这样的质疑或"何不干脆去写小说"的揶揄。

这事我也常常反躬自省。写什么，怎么写，往往都是一种冲动。有无益，有何益，则是事后的总结。我觉得这样写写，探索历史写作的可能性，至少可以让自己增强"历史感"。近年读一些年轻的学者之著述，理论精深，立意宏大，但总感到跟历史"隔"得厉害。古为今用，六经注我，不是不行，但以论带史太过，最后往往论归论、史归史。看看近现代学术史，历经淘洗，这样的论著往往最先过时，连旧书都卖不起价。

当然，我也不觉得《说史记》是多么了不起的书，它只是兼顾"趣味"与"感觉"的尝试之作。散碎了几年后，我倒是有心慢慢搭建自己对近代某些时段的解释框架。这不是感觉和细节加上想象就能完成的。不过这些写作尝试肯定不是虚掷光阴，尤其对于一个文学研究者来说，自己尝试叙事写作，对于理解研究对象，也会有所帮助，信不？

《说史记》初版于2015年，由生活·读书·新知三联书店出版。当时有一些篇目，是从2005年初版的《野史记》里调移过来的。本次再版，又做了一些调整，大抵从前属于

《野史记》两版的，有十余篇。我觉得那些篇什更像《说史记》的整体风格。

要感谢那些让书中篇章初次发表的媒体编辑朋友，特别想纪念《北京青年报》历史副刊已故的尚思伽编辑。今年她的文集四卷由三联书店出版，责编中包括上一版《说史记》《野史记》的卫纯师弟。这是好书，真诚、犀利、睿智、温润，兼有。

《说史记》的再版，编辑林立扬、张宇帆。立扬也是《民国了》（再版）、《元周记》、《小说现代中国》的责编，跟她合作总是难得的愉快经历。宇帆曾是我的学生，但学生毕业后，就是教我益我的朋友。感谢她们的敬业、宽容与友情，让这本小书能够被擦亮，重归读者的视野。

七

杨早

2021 年 7 月 10 日于京东豆各庄改讫

第一辑

花国韵事

近代小报每称妓界为
"花国"，还经常开"花榜"，
榜首从"花国状元"，
到"花国总理大臣"，
再到"花国大总统"，
跟近代政治制度同步。
同时，妓院也是近代非常重要的
政治、经济、文化空间。

小凤仙外出失恩客

虽然是冬天，阳光还是很好。眼睛看上去似乎有一定的温度，真要抬腿出去，才知道风吹得脸上身上一道道地疼。连隔壁当铺的黄狗，都将头埋在腿腹间，蜷成一团，全力抵抗这该死的冷。

冬日的午后，短。陕西巷的午后，转眼太阳似乎就有些西斜。

老胡坐在云吉班的门洞里。大街上一个人都没有，但他不能关门，做生意，规矩！他倒不怕冷，干冷总比南方的阴冷容易扛，只要不站在风窝里。

他把头上的毡帽压压低，左手下意识地去顺那条又粗又长的大辫，却逮了个空，才省觉已经是民国，辫子剪了总有一年多了。

向右横了一眼，三河县来的田妈躲在南房檐下的长凳上，手上抓着抹布，低头打盹，胸前被口水湿了一片。哼，在上海的时候，下人哪敢这等放肆？谁不是格铮铮地立着，手不停脚不歇地做事……园子里的花没浇，鹦鹉笼的水罐也空了，灶下的柴草散放着，伊倒不怕冷，在这里打瞌铳！

"田妈！——田妈！——"

田妈蓦然惊醒，慌张地东张西望，看见是老胡，一颗心才放了下来。"好！老胡，你大白天见鬼了吗？鬼叫鬼叫！"

"田妈，你看看你什么样子？乖乖，若是妈妈和小姐现在回来，你阿要炒鱿鱼？"

田妈看看天色，还早着呢，心里不服气，嘟嘟囔囔地去擦柱子："梅香拜把子——都是底下人，充什么二爷呢？！"

老胡没有听见田妈的抱怨，他直愣愣地望着大门外，早十年的时光一层层叠在空荡的大街上。

四马路上那时节，一过了中午，打茶围的陆续上门，莺莺燕燕几多热闹，自己掂着大茶壶，跑进跑出地要果盘，添茶水，打发小三子去老正兴叫烂肉面，凑个空，跟下脚娘姨打情骂俏，摸一把她们的肥屁股……冬至到了，也摆几台酒，热烘烘的菊花火锅，亮白赛银的铜手炉……

"难不是民国害的？好好地在四马路，说南京好，去南京，张辫帅打得来，又往北逃，南京到清江浦，清江浦到天津，天津到北京……乖乖隆地咚，现时客人！毛都没一根！"他忍不住又一次地唠叨。

田妈白了他一眼。伊还记着仇，何况，老胡说的地方，伊一处都没有去过。

"也不怪北方客人势利，规矩全坏了！旧时的客人，头次上门打茶围，英洋一只，末后都是出出进进，吃吃喝喝，碰碰和，做做花头，倌人亲热得来，像做了三世夫妻！一台酒八只洋，高兴末摆摆双台，双双台，全看阿是恩客！现如今，一台酒涨到了廿只洋，还讲究现过现，我要是客人，我也弗高兴！"

田妈突然来了兴致，抹布一丢，挨到老胡的长凳上。

"我听说，小姐那时才十四岁？上海的印度阿三不让她出局？"伊说"出局"仿的是张妈的上海腔，歪歪扭扭的腔调，难听得来。

"工部局是有介样章程。大抵是几位阿姐带着伊，局上末总有几位客人没有相熟的倌人，顺便荐过去，要末唱几只小调，代几杯酒……不然，何必去南京讨生活？"老胡还在愤愤然着南京。

"我还听说，小姐的老太爷还是在旗的呢，是杭州做官的！真不？"见老胡今天少有地耐心，田妈斗胆捧出久亘胸中的疑团。

"是倒是的，"老胡倒没有怪田妈嘴多，"伊是姨太太生的，老太爷一死，就被大娘赶出来，不几年娘就死了。张家姆妈，就是伊的奶妈带着伊，在浙江抚台家中帮忙，倒出落得读过几天书……好景不长，浙江'光复'，哼哼，"老胡鼻子里很不屑地哼了光复两下，"张家姆妈带伊逃到了上海，过不下去，才将伊押到班里来的。"

田妈对这段掌故很满意，咂了咂嘴："咱们这位小姐，刚来的时候，说是上海的红倌人，我瞧长相呀……不是说不好，比云庆班那几位呢……"

老胡不乐意了，瞪大了眼睛喝道："田妈，弗要瞎三话四！阿拉小姐在上海，在南京，哪里不是局票多得接不完？大清的时候，不像民国的人，眼睛只看得见一张面孔！小姐知书识礼，又会自己写写歌词，才气多得溢出来，满地都是！你来这里半年，上门的哪个不是达官贵人公子哥儿？哪个不说小姐是才女？"

田妈被他一吼，不敢再说，搭讪着要走开。眼前一暗，一部包车停在门口。

下来这两个人，不凡！都穿着军呢的大衣，獭绒的呢帽。尤其右边这个人，戴一副盲公镜，慢慢走下车来，走上台阶，走进门洞。摘下镜来，容长脸儿，两只眼微微斜着，有神。

没带随从，老胡却直觉这是贵客，不由得立了起来："两位先生，您是？"

左边的来客脸上带出了诧异："怎么？不可以打茶围？"听着是翘舌头的北边人。

老胡高了兴，又紧跟着把歉意往脸上挂："您先生还是南边规矩，而今民国了，北边儿客人下午不会来，掌灯时分才有生意。小姐、妈妈今天去东岳庙烧香去了，要不，您去哪儿转转再……"老胡撇着京腔，跟田妈的上海话一样别扭。

右边那位"哦"了一声，低头想想，抬头对老胡说："我是慕名而来，特为见见你家小姐。既是不凑巧，晚上没空，我留一张片子吧。改日再来。"他说话也有口音，似乎有点儿湖南，又有点儿云贵一带。

老胡点头哈腰，从那位手里接过了片子，又帮他们叫住没走多远的洋车，一直候着车出了街口，才慢慢欠身回到门洞里，见田妈正在涎着脸看，不禁得意地道："看着没有？慕阿拉小姐的名来的！看那一身的行头，起码是个统领！"

他眯起眼，借着倾斜的阳光看片子上的字，一个字一个字念出来：

"陆、军、部、编、译、处、副、总、裁、昭、威、将、军、全、国、经、界、局、督、办、大、元、帅、统、率、办、事、处、办、事、员、参、政、院、参、政、蔡……蔡什么？认不得。田妈，你……算了，你又不识字！"

那是"锷"字。

蔡松坡借酒离京师

望平街与别处不同，它的日夜是分为四段的。

白天大部分的时候，这里人影寥寥；日落向晚，渐渐有记者、编辑回报馆，也许在路边吃一碗烂肉面，而闲散了一天的各商铺、茶楼的伙计们，此时个个精神起来，预备迎接诸位老主顾。

入夜时分，国际新闻版、各地新闻版已经基本上排好，京里的命令和要闻，或许有些还在路上，至于那些跑巡捕房的伙计，多半要回馆交代一下，再回捕房去盯个通宵。茶楼酒馆里灯火通明，喝茶的、吃消夜的、磨时间的，全上海跑新闻的大小角色大约都会露露面，交换交换情报。此时的望平街，无数消息在空气中飘荡、碰撞、起伏、融合，在雨前茶和虾仁炒面的气味里从一张嘴到另一张嘴，它们竞相奔跑，看谁能爬上当天的版面。

此时的望平街，才不枉叫作"中国的舰队街"，大英帝国的新闻中枢，也未必比这里热闹。

凌晨两点之后，报馆人员渐次散去。全上海的报贩霎然拥进望平街，争抢各馆新出的日报。人头涌涌的望平街，好像闸北的小菜场。

在我看来，半夜那一段远比此时迷人，有一种激动人心的气息。

民国四年11月19日，晚上十一点，我正坐在青莲阁茶楼临窗的位子里看报。老余匆匆走进来，将一卷电报纸掼在茶桌上。

"京里的可靠消息，蔡松坡出京了！"

团团圈圈桌上的同行都被吸了过来，老余一下子变成了总经理级别的人物，有人搬椅子，有人掺茶，有人点烟，有人帮着叫"烂肉面一碗，油水足点！"。

更多的人已经迫不及待地大发议论：

"蔡松坡是任公的学生，前一阵，他竟然头一个签名赞成帝制，我早就觉得不对劲了！"

"可不是。《群强报》报道说松坡将军日日云吉班，夜夜小凤仙，醇酒妇人，纵情声色。如今看来，大约是韬晦之计，以消极峰的疑虑。"

"哈，老胡，就叫老袁好了，什么极峰、总统，咱们在租界里，不鸟他！"

"松坡听说为了小凤仙和夫人起争——"

"先别吵！老余，你说说，松坡是怎么出的京？"

所有眼光都集中在老余的瘦脸上。

老余两手一摊："我也不知道！电报上只说，老头子今天才收到松坡的告假书，其实他大概昨天就失踪啦！"

一时很静默。往往有头条新闻而无详细内容时，便是各报记者编故事的好时机。

一年眨眼就过去了。这一年里，商家的招牌和账簿换上了有"洪宪元年"字样的，未及两月就又换回了"民国"。大伙儿叫苦不迭。还是青莲阁的老板有远见，说："不换！"老袁的手虽长，却也伸不到上海公共租界来。

是11月11日吧，我们凑在青莲阁，品评北京公祭松坡大会的挽联、电报。大家最惬意的，当然是蔡将军那位红粉知己的两副挽联。

"听说小凤仙自己也去了，穿蓝布大褂，见到的人说，相貌不过中等，语带南音，颇有英气。"

"这副长对据说出自易哭庵之手，'九万里南天鹏翼，直上扶摇，怜他忧患余生，萍水相逢成一梦；十八载北地胭脂，自悲沦落，赢得英雄知己，桃花颜色亦千秋'。好则好矣，轻巧了些。"

"哭庵嘛，哪里合适凝重沉稳的路子？有人说短联也是他的大作，我看不像！"

"着哇，有人说就是小凤仙的亲笔，那便可称得上才女喽！"

"不错，'不幸周郎竟短命，早知李靖是英雄'。简明，贴切，有出处，将来必成名联！"

唏嘘感叹声中，有人问了一句："到底去年松坡是如何出的京？"

是呀，蔡锷蔡松坡是怎么出的京？在松坡仙逝、小凤仙失踪之后，这成了我唯一能够追索的谜题。

京沪报纸上有几种说法。一种是，松坡与朋友在长安酒楼痛饮，召小凤仙侑酒，席间蔡忽称自己"腹痛"，借尿遁出了酒楼，直奔前门车站，乘夜车往天津。

另一种是松坡与小凤仙乘车出游，故意在京城内绕来绕去，将跟踪特务绕晕了之后，两人经过东车站，梁启超已经派家人在彼相候，蔡遂登车东行，小凤仙一人回班。

还有一种，说是留日士官生的学长、兴中会老会员哈汉章（时在陆军部任职），借用老母八十大寿的机会，掩护蔡松坡逃走，却将此事栽到了与松坡出双入对的小凤仙身上。小凤仙被迫停业回南，但老袁随后也侦知是哈汉章的把戏，还没来得及收拾他，帝制已经无望，哈逃过一劫。

这几种说法腾传人口，都有人信，但都不能让我全信。以老袁对松坡的疑忌，蔡出走前数日，他还指使军警执法处处长雷震春搜查蔡锷住处，对蔡本人，应当看守更加严密才是。即使被蔡溜走，也应立即发现，大肆搜捕，岂能容松坡轻轻松松到达津门？

这个疑团萦绕我心头多年。四十年后，偶然遇见许姬传先生，他告诉我，小凤仙后来嫁到东北，偶有机缘，晤谈梅兰芳梅老板，语及前事，他也在座。

"哦，她自家怎么说？"我自然又惊又喜。

许先生说，小凤仙自称当日（11月18日）是云吉班班主寿辰，贺客众多，蔡松坡趁机在小凤仙房里摆酒相贺，并特意撤去窗纱，卷上纸帘，让外面看见屋内情形。冬日严寒，蔡将大衣、皮帽挂在衣架上，怀表摆在桌上，只穿单衣到院里如厕。院子里厨师、跑堂、贺客、大茶壶，全是人，松坡趁着乱劲儿溜出门外，叫了辆洋车。想那八大胡同离前门能有多远？不一时到了车站，梁任公早派老家人曹福买了两张三等票等在那里，于是松坡随曹福上车离京，经天津转日本，回了云南……

"等等，"我刚释然的疑云又聚成了堆，"蔡松坡离开云吉班后的事，小凤仙是怎么知道的？"

"她不知道，她也是后来看报上说的。"

我听老余说过，老袁在帝制前后，极其关注国内局势与反袁诸人动向，前门车站、天津梁任公寓所，都有特务日夜监视。蔡松坡离开云吉班的说法是可信的，部署也很周密，但后面的情节就太简单了。

没想到这么多年后还能重逢老余！两人还像当年在望平街一样，手挽手去喝老酒。下酒菜除了松花皮蛋茴香豆，也少不了蔡松坡与小凤仙。

"你这个疑问我能解释，"老余的瘦脸笑成一朵花，"洪宪事后，我就被派到了北京当跑腿员，曾经看到北京报纸上有一条札记。作者我也认识，叫侯疑始，是严复严几道的弟子，和朝野都有极深的关系。

"那条札记上说，蔡松坡不但在云吉班布下了空城计，而且，他还从那里打了个电话，就是打给总统府。他说，有要事要面禀总统，问何时可以谒见。那边讲，下午两点。电话打得很大声，守在外面的特务都听见了。所以蔡松坡出云吉班，是大摇大摆出去的，还要把门的人给他雇常用的汽车哩！特务们既知他是去总统府，又未携行李，当然以为他去去就回。

"谁知蔡松坡坐汽车路过前门车站，突然下车，一去不回。司机当然以为他乘车逃逸，马上报告。执法处立即命车站特务登车巡检，但怎么都找不到与松坡形状相似之人，天津的特务也在车站守了一天一夜，连根蔡松坡的毛都没有见着。

"蔡松坡哪儿去了？他在车站雇了辆人力车，直奔一个朋友家，就在那儿剃须易容，扮成一个运煤的工人，担着空筐，满脸煤黑，天擦黑时出了东便门，雇骡车奔通县。在通县小店里住了两天，等风声松了，才由通州间道赶到天津，见梁任公，定下了反袁护国的大计。"

老余一口气说完。我都听傻了。

小凤仙何时离世，众说不一。从传奇的角度，我相信她病逝于1976年，离蔡松坡因喉癌死于日本，整整六十春秋。

李巧玲炫富梳妆台

　　话说咸同以来，士农工商，百业凋敝，唯有两种人最易发达，一是当长毛的，一是打长毛的。如今单表长毛军中一个混世魔王，姓李，双名长寿，江西人氏。他本来在乡里种地，红羊（洪杨）过境，便入了伙，十余年下来，居然也挣下了金山银山，于是离了队伍，全不顾天京南京，一口气走到上海，隐姓埋名当了一位富翁。

　　初时还怕朝廷缉拿，渐渐地风声淡了，方敢出来走动。大乱之世，只有上海租界内笙歌不辍，各地战祸连绵，反而为渊驱鱼，逼了许多巨贾大宦迁到沪上洋场。一时四马路风光大盛，生张熟魏，迎来送往，好不闹热。

　　那日李长寿来至大大的一处娱游所在，名唤丹桂戏园，是宁波大商人刘维忠手创，李长寿平时听人说得不少啦，今天特地登门。

　　一走进大门，就吩咐："来呀！""小的在。""替我包下中厅，旁人一概不得进来！"走进中门，又吩咐："来呀！""小的在。""替我叫十七八个长三倌人来，要上等的清倌人！"走到桌前，撩马褂，大模大样地坐下。外面已是一迭声地叫："水果！瓜子！手巾！"

跑座的小刘站在门口发怔。这是哪儿来的大爷？气派大得很，可是看身上，土布长衫，辫子在脖子上盘了几转，倒像是苏北乡下来的洋盘！开门做生意，又不能回，小刘一路盘算着走出去。

那个时节，上海的长三书寓刚刚兴起，声价正高，要是没有熟人引见，倌人正眼也不会甩你一个，更别说打茶围叫局啦。小刘没奈何，一路来到小东门外，那里是"堂子"集中的地方（因为门上往往有块匾写着"某某堂"），堂子里的姑娘称为"幺二"——长三书寓的倌人出局，一次要三只洋，幺二就便宜多了，茶会一元、堂唱两元，而且堂子里的幺二比较杂，那些长得丑样，没什么客人的姑娘，好讲话些。

差不多过了一点钟，小刘带着十来个幺二匆匆回来了。看门的一轧苗头就知道，这都是幺二里最烂污的。一群人进门，照例团团将李长寿围住，却个个都提不起兴致，自顾自嗑瓜子，讲闲话，对这位大人爱搭不理。李长寿也根本不睬她们，一个人有滋有味地看戏。

戏看完，吩咐：打赏！跟着的仆人，也是一身土布长衫，从怀里掏出一沓银票，一人分了一张。幺二们接在手里，眼乌珠都快瞪出来了：大洋一百！

一夜之间，李长寿名震上海滩。

第二晚，李长寿又来了。"厅包了！叫倌人！"哗的一声，长三、幺二，挤了满满一厅，倒茶的、斟酒的、剥瓜子的、递手巾的，莺莺燕燕，咕咕呖呖都是苏白，一片都在叫"李大人"。

李长寿左看看、右看看，好像很不满意，叫声"来！"，跟班赶紧凑上，打开包袱，递上一支水烟筒。满堂苏白，都少不得倒吸了口凉气——这水烟筒是黄金打的！

李长寿又叫了声"来！"，这次叫的是跑座的小刘。他左手翻着叫局的局票，右手用黄金水烟筒指点着小刘："有个红倌人，叫什么李巧玲的，为何不见？"

"回李大人，巧玲阿姐身上不清爽，故而——"

"这么说，我这个场面还打不动这小丫头？嘿嘿——"

他第二天去了回春里李巧玲的书寓。一进门就赏了四十块的下脚钱——这本来是"借干铺"才须打发的。小大姐打水来揩面，李长寿挽起袖子，右臂上一圈金脱条，总有三两多重。他将手放进水里，几滴水溅上了金脱条，"哎呀"，小大姐连忙拿毛巾去擦。李大人微微地笑：

"脱条着水，没用了。送你吧！"

小大姐愣在当地，一脸惊愕。李巧玲在旁边冷眼看着，面无表情，说了句"啥末事，值得大惊小怪"，扭身进了房间。

这晚李长寿赖到很晚，带挡娘姨朝巧玲使了好些眼色。巧玲只是不放话。李大人只得讪讪地去了。

次日又登门。又坐了许久，巧玲只是懒懒地，陪说些不咸不淡的闲白。后来推说有个要紧的局，出了门，二更也不见返。李长寿只得又打道回府。

第三天还没过午，听见有人拍门，一开闩，李大人匆匆冲了进来，一进房间就大声嚷着："昨儿有些晕，有张纸忘在妆台上，看看谁拿了，快些还我，有用场。"

巧玲还没起床，慢慢地坐起身，倚了枕头，睁开眼看了看来人。

不就是一张五千两的银票吗？还"忘"在妆台上，分明是看准一钱入娼门，九牛拉不回，那时阿拉吃人嘴软，拿人手短，少不得多给三分颜色。这土老帽儿！

"李大人，莫要着急。纸头末，阿拉倒有几张，只是屋里厢的，斗大字识不得半箩。阿珠，侬匣子取出来，让李大人自家寻寻看。李大人，阿拉一早吵醒了起来，头发也勿曾梳，怠慢你哉。"

匣子打开，梭落落满把都是金珠、头面、钻饰，耀着近午的日光，闪得人眼有些花。

首饰拨开，一卷卷都是房契、借券、银票，银票有三千的、四千的、六千的，当然也有五千的，一张张摞着，不知道有多少。

李大人站在妆台前，脸色颇有些发白，伸手去翻检，似乎不太好，不伸手，似乎也不太好。

过了好久，他吞了口唾沫，强笑道："我也认不出哪张是我的，随它去吧。"

李长寿再不敢发横，从此绝迹呢，又舍不得。日日来施那水磨功夫，可惜潘、驴、邓、小、闲，只占得一个闲字，佳人便如镜花水月，想春风一度，那是老猫嗅咸鱼——嗅鲞（休想）。

疆场上何等威风，戏园内何等霸气，终于折在这小丫头手里！李长寿坐在客堂里长吁短叹。

没多久，听说李巧玲姘了个戏子叫黄月轩。侬看看，阿要气得呕血？

李长寿自己不好出面，婉转地托了别人去问巧玲：李大人在侬身上用的功夫也尽够了，开门做生意，勿好介能样子绝情绝义？

李巧玲的回答很绝：

"李大人末姓李，阿拉末也姓李，孔夫子讲过，同姓不婚，阿拉一个倌人晓得，李大人一个大人，阿是弗晓得？"

陆文琴赈灾身作彩

上海滩这两年，最热闹的大抵是两件事：一件是赈灾，商绅两界的善长仁翁，往往由于某省的旱涝灾害，组织大会，广结善缘，义卖啦，义演啦，弄得张园几乎每个月都开大会。

另一件是彩票。上海地方总有许多发横财的传说"流淌"，常常弄得大众激动不已。打花门、白鸽票、六合彩、赛狗、回力球……一桩桩你方唱罢我登场，总会有一大堆人在里面卷进卷出。现在回头看，也没听说过几个中彩的富翁，倒是那些做航船（零售彩票）的、做听筒（传递消息）的，有几个借此发家，像那个本来叫"水果月笙"的小杜杜月笙，而今手里已经开了几爿店啦。

最近的新鲜事，是后马路的红倌人陆文琴闹出来的。陆文琴我认识，在上海滩红了也有小十年了。就算她出道时只有十五六岁，现在怕也靠三十了。虽然还算红，总不免露出些下世的光景。隔壁的王好婆闲着无事，总喜欢猜猜陆文琴的下场，是嫁人作小？还是买几个小姑娘自己当姆妈？

今年河南大水灾，听说灾民队伍足足有几百里长。商会几位理事正在合议，办一场赈灾园艺会，请上几位外国公使夫人、几位官眷，再加上理事们的太太、姨太太，捐一些绣件、首饰什么的，拍卖成善款寄往河南。

平地一声雷，张园门口贴出了一张布告，看的人堵得呀，好像城墙拐弯再加俩炮台。王好婆让小三子去看，挤了半天没挤进去。挤去吧，我不着急，我知道，到傍晚，《游戏报》上准会登出布告的详细内容。那报纸主笔李先生神通多广大呀，到时两个铜板买一份，请街口算命的小神仙念一念，不比挤得满身臭汗强杀？

刚吃完晚饭，小三子就出现在街口，手拿一张报纸，飞奔而来。正好，小神仙也收摊了，几位街坊围在王好婆杂货铺前，听他念布告的事。

"愿为百万灾民，牺牲一己之身！……为河南赈灾事，小女子愿发起义赈……发行彩票……总额十万元，每票一元，一月为期，借张园安垲第摇球开奖，以示大公……出售彩票款项，一概用于救济灾民……嗯！"

小神仙的眼乌珠突然瞪得老大，吓了周围人一跳。不就是赈灾吗？又不是没听说过！但是小神仙确实受了惊吓，他结结巴巴地告诉大家，布告署名人是陆文琴，她发起的这次赈灾彩票，其他方面确实平平无奇，只是中彩的彩头有所不同。

这次的彩头，是陆文琴自己。

她在布告里说，彩票发行之后，不论何人，掷其一元资本，即有得彩之机遇。无论中彩者是浪子，是苦力，或是老者，文琴均以身作彩，断无不相随俱去之理，即使将来陷于贫苦地位，为灾民计，亦在所不辞！

王好婆听到这里，嘴角撇得像一弯下弦月，她巴掌一拍："陆文琴这只婊子，整天吃喝玩乐，用度大得弗得了，谁养得起伊？小神仙，侬养得起？老谢，侬养得起？"

我当然养不起，不过小神仙说，布告还有下文，陆文琴才精哩。她说，十万元彩资之中，她要提出三成，就是三万元，作为她的嫁妆。

这个消息，就像一包石灰投到了冷水里，咕咚咕咚，烧得一条条马路都像开了锅似的。人们奔走相告，聚拢在陆文琴的门口，看她出局，看她坐马车。彩票开售的那一天，彩票店再次挤成了城墙拐弯加炮台，这次我没有等，甚至没有使唤小三子——这小子手臭，我自己挤了半天，买了十条彩票。人群中我也看见了小神仙，他停了半日生意，也抢到了五条。

自这之后，聚在陆文琴门口的人更多了，他们大都买了陆文琴发起的"肉彩"，每束看着陆文琴的目光里，都已带上了一点儿挑肥拣瘦的苛刻与人财兼得的满足。

《游戏报》几乎每天都有此事的报道与评论。小神仙说，李先生人促狭得来，他讲，自从陆文琴发起以身作彩之后，上海滩多了好几万"未来富翁候补娇客"。这话说得我和小神仙脸上都有点儿讪讪的。

　　陆文琴本来有点儿走下坡的身价突然高昂起来。等闲的局根本不去，就算出去也是马车大轿，闲汉们等半天也未必看得见她半面。

　　而她的彩民，已经蔓延到了浦东、松江。

　　又有布告了！反正挤过一回，也不差再挤一回。我挤在人群里，听别人大声读着："自小女子发起赈灾以来，善长仁翁莫不随缘乐助，文琴不才，薄有姿容，蒙诸君子错爱，想望颜色者甚众……今特发行洋装照片一种，每张小洋三角，成打者惠减为三元，意者请洽同福里四十七号高升行……"

　　我不买，坚决不买！这小婊子，门槛忒精了！

　　开彩前三天，小神仙忽然找到我，要把他那五条彩票卖给我？给个理由先。

　　小神仙吞吞吐吐地说，他等钱急用，只好忍痛割爱。十五条，不是比十条中彩机会大吗？

　　俗话说：光棍眼，赛夹剪。我老谢都四十年光棍了，还能看不出小神仙打的啥小九九？我躺在燕子窠里想了半天，做出了一个决定。

　　我拒绝了小神仙的请求，然后，出门，以每条五角的价格，将十条彩票处理给了鸿兴当铺的伙计陈大福。

　　开彩的那天，一起床，就听见满街人说：陆文琴跑了！陆文琴蹽了！碍着满街的愁苦，我只能把笑声藏在喉咙里。

　　出门，碰见小神仙，两人脸上都是暧昧的笑。突然想起王好婆日常念叨的话：陆文琴这只婊子，不知道将来什么下场！

陆品娥夜半求减寿

赵世昌是老嫖客了。他从丹徒乡下到上海来，已有四五年，上海滩头，买笑寻欢，哪一处关节，赵大爷不是门儿清？他时常以《九尾龟》里的章秋谷自许，只有他调倌人的噱头，几曾见过倌人砍他的斧头？

"赵大爷，还是你嫖得精！"赵世昌每次在茶馆里吹他的嫖经，总有知情识趣的听众跷起大拇指。赵大爷哈哈一笑，几碗茶钱就都在他身上，说不定，还伺候一人一碗烂肉面。

岁末年终，四马路上人人犯愁。空心大少愁的是堂子里催开发局账，堂子里老鸨、倌人愁的是银楼、香水店、饭馆算总账，娘姨、大茶壶愁的是年节下大少们回乡的回乡，躲债的躲债，没人上门，谁来给他们小账。

"急景凋年，确是嫖家大忌，"一个花白胡子摸着自家胡子，深有体会的模样，"欠债太多的倌人，往往要借这个时候找瘟生，汰一把浴，任你好汉……"

"老先生，啥个叫泚浴？"一个生客操着外乡口音问。

花白胡子好脾气，慢吞吞地答他："小兄弟，泚浴是四马路堂子里的行话，比喻妓女嫁人，将债务全部清脱，好似泚了个浴，浑身清爽，又好重新开张做生意哉！"

赵世昌鼻孔里一口冷气，被外乡人岔断了，到这时才哼出来："哼——哼，哎哟，吓人的来！他有张良计，我有过墙梯，咬定主意不媒不娶，看哪个咬我的卵脖？"

花白胡子被他噎得说不出话来："你，你弗要……"

赵大爷哈哈一笑，站起身来，掸掸身上的土："诸位，少陪，我还有恩相好等着，先走一步。"

他的"恩相好"叫陆品娥，是两个月前朋友荐给他的，出了十来个局，茶围也打了七八次，还未能一窥天台门径。品娥对赵大爷，也不能说不好，但总是不冷不热，坐末便坐，唱末小曲也唱几支，更阑夜深，从不留人，"借干铺"的话头，提也弗曾提得。

赵世昌是老手段，先时尚疑心陆品娥是以退为进，打听了一通，发现品娥近四五个月都不太搭理客人，个中原因，大家都不太了然。

今日腊月廿八，是祭灶的日子。赵世昌下定决心，今晚探个究竟。

红烛高烧，罗帐春浓。

转瞬间天昏地暗，隆隆雷声，一道闪电欲破未破，天地为之屏息。

赵世昌猛地从梦中惊醒，叫声不好，鞋都顾不得穿，噼里啪啦地直奔帐后的马桶。

一泻千里，紧皱的眉头才松弛下来。

方才在梦里，仿佛又回到了那一夜。酒阑客散，我诈醉倒在榻上，任娘姨、大小姐千呼万唤，也不理会。终于大家莫奈何，七手八脚扶我到床上歇了。

等到三更，我突然"醒"了，瞥见品娥就在隔壁床上，似乎转侧未眠。故意大声说："怎么！醉成这样！"起身便走，有意晃过伊的床前，衣角果然被牵住了。

"半夜三更，往哪儿去？"声音里有着哀怨。

我顺势便倒在她床上，软玉温香，满怀都是。这下真的醉了。

这小妮子……

跟我呜咽，说从来遇人不淑，开头总是花言巧语，得手后就视若路人，随手抛弃，不知我是否也会如此？

我心里暗暗发笑。你是干什么的？口里当然指天发誓，哄得伊转悲为喜。

果然，不几天，就提出要嫁我。赵大爷我会上这个当吗？只是一味敷衍。

不过品娥真是打我进门之后，就没接过客，也不再出局。戏子无义，婊子无情，她们倒舍得下这个本钱？

我防着品娥的"丁娘十索"，买头面，买衣衫，办家具……然而也没有。

偏生年下吃坏了肚子，日日十余趟马桶，医生见天上门，这一来，品娥索性收了买卖，一心一意侍候我，药亲自煎，亲自喂，油荤吃不得，每夜在房里熬一吊莲子白粥。

赵世昌有点儿得意，一面起身穿裤子，一面哼着"最难消受美——人——恩……"

隔壁似乎有什么响动？

他走到板壁前，透过缝里一张。哎哟！品娥脂粉不施，双目含泪，跪在当地。桌上点着一对素烛。

"菩萨保佑，千灾万难，小女子一人承担，只求赵郎身体康健，平安喜乐，小女子愿减寿十年，求菩萨慈悲……"

老江湖赵世昌，喉头也不免有些哽咽。

后来呢？后来，赵世昌有没有娶陆品娥？

如果你是赵世昌，我是陆品娥，你会不会娶我？

娶，当然娶！别说你像品娥那么好，你再坏我也娶你。

那，你怕不怕我是借你沐浴？

那，陆品娥是不是借赵大爷沐浴？

嘻嘻，我偏不说！

说吧，说吧，这两人结局究竟如何嘛？小妮子，真会熬人！

我不说，我要你娶了我，我再细细地告诉你。

胡宝玉当宴砍斧头

"我在天津的时候，听人说过上海有个胡宝玉。琴轩，你在上海半年了，那究竟是怎样的风光？"他站在窗前，微微仰起头，似乎在打量壁上的字画，漫不经心的语气里其实有着一分好奇与紧张。

"雨翁，"申琴轩只是个道台，但忝为同乡至交，说话不必那么拘泥官场礼节，"这个胡宝玉成名已久，架子相当大，不是什么人叫局都叫得来的。我来了这许久，也只在一品香见过一面。"

"听说这两年李巧玲红得很，贵相好金小红也是上海滩上一等一的红倌人，不知胡宝玉比她们如何？"

"哎呀，巧玲和小红哪能跟胡宝玉比！"申道台吐了吐舌头，"雨翁，我说个事你听，就知道胡宝玉有多出挑！别的倌人，也就是在堂子里红，总不能和绅商一并提说。只有这个胡宝玉，不得了，外面有个说法叫'上海三胡'，你道是哪三胡？第一个，替左大帅襄办军饷的胡雪岩；第二个，书画双绝的胡公寿；第三个，就是大名鼎鼎的红倌人胡宝玉了！"

"哦，一个倌人何以会红成这样？"

"听说，伊极能带动风潮。上海四马路一带多少红粉翠珮，从前也不过是普通摆设家什，所以有身份的人总不愿在堂子里多流连。自从胡宝玉出道，向洋行订全套广南红木家具，用来铺房间。这下子漫说扫榻留客，便是住上十天半月，办理一切政事公务，都不致失了面子。所以士大夫趋之若鹜，一时间堂子纷纷跟着订红木家具，很挑了几家洋行发财哩！

"最难得的是，伊一个倌人，倒比朝中许多大佬懂事，伊常对人说：而今是外交世界，少不得要同夷人周旋。所以伊竟请到了一个广东的'咸水妹'……"

"什么叫咸水妹？"雨翁听得兴趣盎然。

"咸水妹是广东话，说的是一些专接洋人的船家女子，上海的书寓倌人一向不大瞧得起的。这些人耳濡目染日久，大半通一两门夷语。胡宝玉结交了一个咸水妹，请伊到家里住着，每日驷车高马，招摇过市，为的就是学一点'也司''哪'的洋话，好跟洋人交际。"

"这么说，这个女子颇有头脑。但我前年听说，她为了一个戏子远走京师……"

"不错，我听人说过此事。雨翁，你久居北国，当然知道秦腔十三旦的名头。秦腔从来为都下士夫所鄙，难得十三旦色艺双绝，才让秦腔声震京华，连上海的戏园子都请他来唱。谁知一到沪上，就和宝玉勾搭上了。两人情热，是以十三旦约满返京，胡宝玉竟然随着入都。这件事轰动得很。大家都讲，胡宝玉对多少达官贵人都不假辞色，倒喜欢去姘戏子！什么杨月楼、黄月山……对胡宝玉的艳名帮助不少。"

一番话说得雨翁沉吟起来。他慢慢踱到桌前，伸出指节敲了敲大理石的桌面："我倒想见识见识这位海上闻人！只是我后天就要率军南下，不知道今晚请不请得动这尊菩萨。"

琴轩忙趋前一步，赔着笑道："雨翁是国之柱石，料胡宝玉也不敢拿糖……只是，只是堂子里的规矩，断没有初次见面就留宿的道理……"

雨翁哈哈大笑，用力拍拍琴轩的肩："我哪里会想着有剪髟留宾的艳事？不过是想看看海上繁华而已！就这么定了，你替我邀几位好朋友，今晚我们先在一品香吃大菜叫局，再到胡宝玉家去吃个双台！"

灶披间里。

阿金和阿珠已经叽叽嘎嘎笑了好一阵子。好在客人们已经散了，也没有人管她们。

"今晚格那位大人真是吃瘪到家哉！你不见他头一摆一摆那样，得意来！讲炮船多大多凶，海浪未大得满船都是，他带兵巡阅有多少威风……"

"还有北方海港冬天会冻，所以他每年都要带兵船经过上海去南方，年年都可以来看我们小姐……"

"大人末，文官阿拉见得多，武将末头一趟见，原来欢喜耍豪气，喝酒要使大杯，搞得我代小姐喝了五六杯，抵得平日十二三杯哩！"

"堂子里规矩半点也弗懂！花酒的账阿有现结的？笑煞！"

"你弗听他讲，后朝要坐船去南方，约摸是不想欠账……你当面讲明好了，一声不出，一大卷钞票放在汤碗边上，我去收台面，吓一大跳！"

"当时我看见你把眼睛看小姐。小姐定心得来，只说一句：'哪能介小气？真是没见过世面，大人赏你们几个钱花，不来谢恩，立在那里做什么？'"

"谁敢谢赏啊？足足一百元呢。堂子规矩，吃双双台，赏娘姨、茶壶的下脚也不过四元。我们只敢看着大人，看他不做声，才齐齐上前磕头……"

"不骗你，我亲眼见的，那位大人的脸，绿了好一阵子。不过到底是大人，人倒架子不倒，哈哈大笑一通，也就遮过去了。"

"哎，你说，大人会不会再送酒账来？"

"我觉得会，当官的最怕失面子，喝了花酒不给账，面子往哪里摆？他不是每年都要来吗？"

　　阿珠猜中了一半。第二天，那位号叫"雨翁"的大人派了手下的戈什哈，送来三百元。

　　明年、后年，雨翁大人再也没有出现过。

李苹香能诗惹责难

书房里静悄悄的。

那个叫老罗的仆人引我到这里坐地，奉上茶，道一声"先生自便"，就不见了踪影。主人不在，他或许有什么私下的勾当？燕子窠？花烟间？邻街的麻雀馆？还是都市的某一处，有个小寡妇在等着他？

洋场的这帮下人总是让人放心不下。几次跟主人说换了老罗，似乎总是碍着同乡的情面，何况老罗办事也还得力，只是财色二字上定力差些。我自己用的小陈，又好得到哪里去？一天不去张园、大世界逛荡，就恹恹的，没精神。

不去提他，主人未归，不免在架上取一册书，打发时光。

说起来还是东方式的过从较好，朋友通家，内眷不避，独自待在这书房里，便如在家中一般自在。哪像前日去怡和洋行拜访他们的大班，在会客室枯坐了半个时辰，只吞了两杯极苦的加非茶（咖啡），还有白衣硬领的西崽防贼似的盯着你。

唔，这是什么？好像是主人昨夜写就的文章。这个老吴！正事从不打点，整日里只在堂子里厮混，回来再写些花事艳迹，发在《游戏报》《风月报》上，被人说成"嫖界指南"！好在洋场上大家脱略形迹，老吴一介布衣，也不怕声名有损。

且让我看看，这又是在捧哪位倌人的臭脚？

本姓黄氏……松江？或谓之皖人？倌人一向不肯承认自己是外籍，不是苏杭，就是松江，大半靠不住……

主人笔下这位倌人，叫李苹香——这个名字我也常听人提起，走红也有十来年了吧？这些红倌人，身世都迷离得很，但也总有人热心打听，传闻无算，只不知有多少是真。

据说，李苹香的父亲当过四川广元的知县。所以伊自小有先生教读。长成后许配刘家，可是这位黄大小姐，私下看上一个浮浪子弟小潘。伊好大本事，居然说动了伊母亲，趁到天竺进香之机，闹了一场假死，用一口装满砖瓦的棺材，打发了刘家。可怜刘家至今，大概仍当伊是未娶先亡的儿媳。

伊的母亲大约不是正室，不然岂会如此荒唐？！

母女二人与小潘一道流寓杭州，青楼生涯是可以赌定的。而且这位黄小姐，姿色才艺也不见得十分出众，从杭州做到苏州，再到上海，也不过是一名幺二。那时伊已改名叫李金莲。

四五年的幺二，在上海滩两三个月，就挤入了长三的行列。凭什么？李金莲会写诗。

我这才想起，我第一次是在哪里听到李金莲的名字。当然是一次饭局，那时李金莲已经晋升为长三，也已改名叫李苹香。几位熟人热哄哄地议论，说洋场竟然也出了一位诗妓，好像《儒林外史》里的沈琼枝那样的诗妓。

我明白他们为什么如此热衷。妓而能诗，据说已经是远古的事。尤其是沪上开埠以来，有贝之才，打得无贝之才落花流水。长三堂子的清倌人，会唱几部昆调，已经做出万般嘴脸，要死不活，幺二以下，更是只会代酒敬水果揩手巾。就算有人想把四马路当作倚红偎翠的大观园，哪里去找博雅通文的颦儿宝钗？

更何况，这名诗妓据说是官宦之后，这也挑动了许多宦游人的心思。

伊隐隐约约会被看作同僚的儿女，怜惜之心中，夹杂着一丝犯罪的快感。这番颠来倒去的心绪，便是无数诗题的来源。

故此李苹香声名大噪，坊间到处流传大人先生们赠伊的诗篇。至于这名诗妓自己的诗怎么样，反倒少人提及。

后来，李苹香出了一回丑。

某位致仕的大员很喜欢李苹香，时时过访，有时还在月下摆一桌酒，两人吟咏唱和，以乐晚年。

大员的诰命夫人发觉了这桩艳事。更糟糕的是，夫人发现，不只是老头子本人，自己的儿子和孙子，都与这位李小姐关系亲密。

这是不可容忍的，当然不可容忍。夫人指使家人将李苹香唤至公馆，逼着伊跪在烈日下的院子里，一面带着哭音痛斥这个败坏自家门风的狐狸精、贱货、小蹄子。

李苹香那个郁闷、狼狈、无奈。一口气转不过来，出府后，也顾不得诗妓的身份，放声痛哭。恩客们当然过来劝慰。

"吴老爷，侬讲讲看，阿是阿拉的错？开门做生意末，老的少的，总归是要接的。难道要他开祖宗三代的履历？"

事情就这样过去了。大员三代不再登门，李苹香依旧当她的诗妓，直到一位远戌的官员想纳伊为妾。

一直跟着伊的小潘翻了脸。他不敢通知黄家和刘家（那样他自己也脱不得干系），但他找到了李苹香的舅舅。虽然不知这位舅舅是真是假，但舅舅一纸诉状，官府判李苹香不得为娼。

从此一年多没有伊的消息。据说伊和母亲去了宁波。

主人突然想起记这名倡人，是因为他前两天又见到了伊。依然是四马路，依然是标榜诗妓，只不过名字改了作"谢文漪"。

名字越改越雅，人品却越来越低！这种有文无行的女子，为什么大家还趋之若鹜地去捧伊？

看得出写字人的愤愤，一大团墨汁滴在纸边，洇湿了下面的好几张。

我不禁哑然失笑，摇着头，叫着主人的字："趼人、趼人，你这是何苦？上海那么多倌人，连番泡浴的、肉身放赈的、丁娘十索的，为什么单挑着李苹香说事呢？"

顺手翻到了最后一页稿纸。作者果然是解人，他自问曰：上海娼亦多矣，予何独责一李苹香？

这个精怪，他早就知道我会这样问他！

而他的答案是："正以其识字故。"因为伊是诗妓啊，士大夫视为禁脔的诗妓，怎可如此堕落？

邓知事花船见发妻

长江之干，花船众多。正是开筵时分，冷盘已经上齐，单等主人号令，热菜便可下锅。主人呢，红笺花签，已遍发各处，诸位大人正在清谈，以候芳驾。

一桌人都在听一个人讲见闻：

"……界首镇，地跨河南、安徽两省，虽然是小地方，因为地处交通要道，姑娘多得不得了。诸位想想，镇里住宅拢共不过七八百户，能应客的姑娘倒有一千多位！……主要是江苏班跟河南班，南北口味都全的，哈哈……他们那里，管打茶围叫'上盘'，叫局是'出条子'，留客倒是叫'住局'……有一桩规矩最是古怪。书寓里每早是要拜佛的，假使头天晚上，哪怕只有一位姑娘没有'住局'，连'上盘'也没有，好，书寓里所有姑娘在拜佛哩，一排排齐刷刷地跪搓衣板。有个名目，唤作'满堂警'。不消说，这是逼姑娘们生意上殷勤些，人人争先，莫拖累了同侪们，呵呵，跟始皇帝连坐之意也差不多……奇怪的是，倘若生意兴隆，人人都有住局，也要全体罚跪，也有名目，叫'满堂红'，你道怪不怪？……对，我也曾问来，知道的人说，因为妓多客少，若有满堂红的情况出现，多半是姑娘们太过巴结，自轻自贱，不免损了书寓的声价。诸位……"

话没说完，舱外有人报："兰芳姑娘到。"帘子立即挑起。众人眼睛一亮，均转侧向外，要看看这张新近艳名大噪的面孔。

今天的主人，是湖北省政府的一位参事，借这只花船摆他的六十寿宴。但寿宴的东道不是他，反是保康县卸任的邓知事，因为亏空了公款，到省来另谋一个前程。这两个月邓知事凡应酬必到，依红偎翠，随手抛撒，是个极受欢迎的外场人物。他今天出面为参事祝寿，大家都纷纷在请帖上写"知"字，知道必有一场香风艳雨。

果然，邓知事开场便同众人讲，武昌群芳我们都看得熟厌了，须得有些新意思才好。听闻汉口新近有位倌人，色艺双绝，举止雍容，最难得是身上不带风尘味道，一时间富商豪客，争掷缠头，更无虚日。邓知事为了今日之会，七日前便已遣人过江落了定。今日一宣布，诸客欢声雷动，只等着看这朵出淤泥而不染的莲花。

名妓就是名妓。不知是外面的日头猛烈还是珠光耀眼，款款步入的伊人，一时竟让人有不可逼视的感觉。正待揉揉双眼细细观赏，哗啦一声，邓知事连人带椅摔倒。他左手扶着桌面想站起来，右手已举起来，指着走进来的兰芳：

"你……"

只见兰芳（她的面容众人仍未看清）突然前冲几步，左手一把揪住还未完全站直的邓知事脖领，右手左右开弓，给了邓知事两个清脆响亮的耳刮子。同样清脆响亮的骂声在寂静的船舱震荡：

"好你个邓忠，整天沉溺勾栏，连家连老婆你都不要了！难为我到处找人，惹人耻笑，好容易才在这里逮到你！你看这满屋的狐狸精，你还有什么话说?！咱们一起到武昌去，上法庭去，我出首告你！告你在官狎妓，遗弃家庭，我看你还有什么脸面在官场上混！"

邓知事脸色铁青，额上已经是密密的汗珠，却一时撕掳不开。亏得两边有几位老成人，夹着些姑娘，做好做歹，将两人分开。邓知事不敢恋战，一面在旁人扶持下急急往舱口奔，一面嘴里嘟囔道："泼妇！泼妇！有什么事在家里讲，偏到外面来坍场面！……可翁、可翁，小弟先走一步，改日再奉酒谢罪！……"

声音渐渐远了。又有船橹的响动，看来邓知事回武昌了。众人回过头来，却见兰芳已经整了一下妆，款款立在那里。这才看清，伊长得颇清秀，瓜子脸，下巴颏有一颗淡淡的痣，虽然不算倾国倾城，放在脂粉堆里，却别有一种韵味。

大家一时都没什么话说。良久，朋友里的一位方才说道：

"兰芳，你也太恶作剧了！……"

兰芳微微笑着，道："尹公子，你要原谅我！我要不是先发制人，不免被那狗才拿到短处。你见过我几次的，须知道我并不是欢喜撒泼的人！"

眼波流转，将在座每个人看了一眼，道："不好意思，扰了各位的雅兴。听说今日是一位大人的寿诞，小女子无以为敬，谨奉三杯为寿，待会儿再清唱几曲，为大人贺寿，兼给各位赔罪，好吗？"徐徐入座，拿过邓知事的酒杯，满饮了一杯。

席面渐渐活动。听见有人叫："船家，拿揩布来！收拾一下！再添几个菜！乌师拉琴！大家入座吧！……"轰轰烈烈的寿筵开始了。

杨月楼婚宴被抓捕

赵云千辛万苦，终于杀入重围，在山坳口寻得糜夫人与幼主阿斗。可是糜夫人不肯连累赵云，投井自尽。赵子龙将阿斗系在胸前，唱四句西皮散板，提枪上马，一路杀出去也。

彩声雷动。千多双眼睛跟着赵子龙的一颦一笑、一言一动，转身，起霸，剑眉凛凛生威，护背旗微微颤动。白盔白甲，映着几十支一百多瓦的电灯光，闪得男男女女眼中都起了爱慕，比台上的灯光还亮。

只他静静地看着，微微地难以察觉地点头。"四爷，杨月楼杨老板成名廿余年，人称活赵云，他的《长坂坡》，不值得您叫一声好吗？"

他微微地侧头，嘴角有莫名的笑意，也有一丝悲凄。"杨月楼……杨月楼……的确是都下名角哪，他扮的赵云，我总有十年没有来看了……自从那桩事之后……"他转头问，"你知唔知呢个人，同我哋广东人有好重的过节儿？"

锣鼓声急，曹操八十三万大军五百里连营，赵子龙正在杀他的七进七出。一回头，他看见夏侯恩背上，有他一生的最爱，青釭。

十年前，杨月楼自京来沪，盛名籍籍，海上士女趋之若鹜。一曲《长坂坡》，迷得多少名媛贵妇心旌摇荡。其中有位徐太太，是我们广东人。她家老爷在江苏候补，家就安在上海。两年前老爷病逝，徐太太带着女儿过活。徐家称得上巨富，风韵犹存的徐太太也就成了上海滩出名的一只凤蝶。

她看上了杨月楼。杨月楼见有这么一位又有钱又风骚的寡妇太太垂青，当然也求之不得。两人干柴烈火了个把月。杨月楼甚至因此加了戏期，推了京津的包银。

可是徐太太不是一般人，杨月楼更是万众瞩目，私下来往，诸多不便。那段时间，我们也时时听到一些不堪的传闻，甚至快开戏了，还要去旅馆里找杨老板的事，也发生过多起。

又过了半个来月，广东同乡突然都听到一个惊人的传闻：徐太太要将十六岁的女儿嫁给杨月楼！这如何使得？徐太太不守妇道，结交优伶，同乡们虽然觉得名声不好，但也无可奈何，毕竟无凭无据，谁有闲心真的管她？现在情势不同了，徐老爷是我们粤籍官员，他的女儿，岂能嫁给下九流的戏子？这事传出去，上海全体广东人的脸面，都要被丢到黄浦江里去了!

我们一班广东缙绅,联名递了呈状到衙门里。那天,正是徐太太嫁女的好日子。

当时上海县的知县姓叶,也是广东人。这事与他切身相关,看了呈状,如何不急?如何不怒?立时发下签子,批捕拿人。

快班差役赶到杨月楼的住处,只见灯彩辉耀,宾客盈门,大堆贺礼堆在门房,账房先生急急地接待来人,笔不停挥地记录礼单。流水筵席刚开了一半,小伙计从厨房一趟一趟上菜,酒香,菜香,吆喝声,打牌声⋯⋯门房一侧,停着八抬的绿呢挂彩大轿,轿夫们正蹲在地上吃大碗头的菜饭,已经吃到了尾声,几个酒碗菜碗都见了底。有人已经在整理轿杠,看来,亲迎的轿子正要出发。

几个差役快步冲进门,门口的人竟没有防住,转眼间公差上了厅堂,正碰上一个满是菜肴的托盘,托盘下一张愕然的脸。一名公差一伸手,红烧百叶结、滑熘里脊、糖醋排骨撒满半空,碟子、盘子噼里啪啦滚了一地,清脆的裂音盖过了还飘游在空中的鞭炮炸响。

满堂皆惊。静。只有一个声音大叫:"谁是杨月楼?杨月楼何在?"

没人回答。已有人奔入了后进。杨月楼唇红面白,礼帽还没戴,被推搡到了堂前。

快班班头知道县大老爷恨极此人,上去就是一个嘴巴:

"走！"

事情并没有那么顺当。杨月楼从京里带了一个跟包来，名叫陈吉祥，诨名三猴子。本来在偏厅招呼宾客的跟班们，突然听得喧哗声与别不同，要紧出来看，却见主人被人抹肩头拢二臂押出堂来。陈吉祥极是伶俐，一眼瞥见廊下放着一大壶开水。上海的石库门房子，偏厅也是有二楼的，陈吉祥拎着开水奔上二楼，使劲一甩手（他学过一点武生架子），整壶开水飞到空中，天女散花般淋落。这一下，差役、傧相、吹鼓手、跟班、饭馆伙计，个个"雨露均沾"。连杨老板的俊脸上，也被烫上了一两个小水泡。

真好似马炸了营、驴惊了群，上百人争着往门口跑，挤，拥，叫。差役们权威尽失，一边护着杨月楼以防逃逸，一边忍受着身边跑过众人的冲撞刮擦。账房先生方才反应过来，本来想上前给差官们塞点银子，求他们莫亏待杨老板。这时不单挤不进院子，反被一大股人挤出门去，翻跌在当街，牙几乎都磕掉。

好不容易人都跑光了。差役们才灰头土脸地带着杨月楼回衙门交差。他们对杨月楼当然没好气，一路上拳打脚踢，将一件新裁的呢袍整得稀脏邋遢……

他一口气说了这么长，忍不住停下来"饮场"。茶房正好进包厢来掺开水，见状便等在一边。如此不便再说，大家停下来看戏。台上赵子龙力战八员曹将，翻翻滚滚，众人的卖力表现，只为衬托这位白袍英雄的威风。赵子龙战到酣处，一个大劈叉，起来时竟微微有些趔趄，毕竟是岁月风尘多年。

"他的脚受过伤，"四爷淡淡地说，"本来应该是断掉的，休想再吃这碗戏饭！他命好，遇上沈月春……月春……"

茶房已经退出，但他好像想起了什么，一直没有再开口。

（续见下篇）

沈月春错付一片心

沈月春是谁？

他不打算满足听者的好奇心，只管两眼盯着台上的杨月楼，看他踢斗，背飞，朝天蹬。好一阵子，才缓缓开口。

杨月楼被押到上海县正堂，脸是歪的，衣是斜的，头发是乱的，唔似赵云，似一旧云！叶知县已经等得不耐烦了，看看日头都已偏西，方见差役回堂销差，恨得三十六只牙齿咬成十八双。杨月楼堪堪跪下，话都没问，叶知县的签已经扔了一支下来。周围闻风而来的看客也已经焦躁了许久，此时个个伸长脖子，想看活赵云受刑的样子，一面估摸着会打多少板，五十？一百？

但是叶知县略略沙哑的、带着明显东莞口音的喝声，让所有在场的人都惊呆了，包括差役，包括我们这些原告。杨月楼当时，整定是顶门分开八片骨、一桶雪水倾下来——说书的不总爱说这词儿？

"与我取铁锤，锤这有玷官箴的混账东西一千锤！"

班头愣了愣，赶紧小声请示："锤哪里？""他不是武角儿吗？锤足踝！"

这下连包厢里都按不住的一片咿呀惊奇。谁的脚踝能当得大锤一千？望望台上，难道那是个西贝货？或者，当日有人顶缸？

他未免有些得意，嘴角轻轻扬起，好故事人人都爱，会讲故事的人，少不得吊吊听众胃口。

杨月楼在上海的追慕者很多。敢想敢为的，却没几个——他太红了！不是人尖儿里的人尖儿，谁敢动他的脑筋。想动他，不仅有貌，还得有钱。女流之辈，能够自己使唤大把银子的，不是徐太太那样的阔寡妇，就只有红倌人了。内里最痴情的，就数沈月春。月春那双眼睛，在四马路见过几千几万人，也不曾亮一下，唯独见了杨月楼，就每夜粘在这茶园里，真是前世的冤孽！

他提到沈月春的名字，总有些异样。十年前，这也是欢场中老手、浪子里班头。莫非……想知道，又不敢问，不便问，心痒得来。

听说杨月楼要娶徐太太的女儿，月春好几晚都是恹恹的。伊的熟客里，广东大佬官很多，自然早早晓得我们要告杨月楼的事。这件婚事搅黄掉，当然合伊的心水，只是伊总归对杨月楼不能忘情，生怕他被抓到衙门里去，受不住王法熬煎，早早地派娘姨去请衙里的陆班头。不想这陆班头往日里好请，今天一大早，叶知县便升堂点卯、发签。陆班头哪里敢动？直熬到午时已过，才见陆班头急急地走进门口，一迭声问何事，又叫下碗面来吃，还要赶回县衙的。

月春平日虽也识得陆班头，向来并不放他在眼里，此刻说不是，也只能堆起笑脸，一厢命娘姨侍候他吃面，一厢款款问他杨案进展如何。陆班头说，弟兄拿人未归。

要是拿了人来，会怎样对付杨老板？

"大老爷这回气得顶心顶肺，刑不会轻。可怪的是，一早就叫人准备一把铁锤，不知做啥事用？"

月春的脸唰的一下，纸一般白。"铁锤能做啥事体？当然是往人身体上敲哉！陆班头，阿能想个法子？"

"啥法子？"

"阿能换个别样物事，敲到人身上弗痛格？侬想个法子，阿拉弗会亏待侬。"

陆班头停下手中的筷子，敲敲碗边。似乎是想替换的法子，又似乎是在盘算这个事体有多大干系、多大油水。想想，又吃口面。

"月春，这是欺瞒官长的大事欤。我有啥好处？"

一听这话，月春倒放下心来。肯开口要价，就是有办法。"事体介急，阿拉弗同侬讲价钿，大老爷要打多少随伊，杨老板弗要受苦，一下子，阿拉拨侬一两银子。"

陆班头低头吃面，听见此话，头也不抬，几口吃完面，道声"叨扰"，去了。照规矩，这是应了月春的请托。

你们该明白为什么杨月楼的腿没有残废吧？差役打他，

用的是软木涂黑仿制的铁锤，下手又有分寸，一千下，看上去筋骨俱断，实际上，养两个月就好了。

可是，仓促中，陆班头去哪里弄软木铁锤啊？

他有些不屑。傻仔！县里的班头，什么物事不曾预备下？板子、夹棍、拶子，都有假的。火到猪头烂，钱到事情办，当差的靠什么买地买房买小妾？

杨月楼挨了重刑，认了不合仗势凌人，强娶官亲，下到牢里。月春初时不敢去看他，只管大把银子送进去，照管衣食，褥子被子件件不缺，自有人每日一罐罐鸡汤送给他补身子。这也罢了，可怜月春一片痴心，平日进进出出，一围燕翅席，看得跟青菜豆腐一般，拣好的方动动筷子。那几天竟然声称不动荤腥，口里说是想些清淡饮食，伊家娘姨说，是在菩萨面前许了愿心，吃个长斋，替杨老板消灾。

月春的熟客都知道此事，脸上便有些酸酸的。有时强着月春喝杯酒，却总被伊推给娘姨代。

半个月后，月春突然不见了！举家搬迁一空，连当年的局账都没有收。熟客们都很诧异。只是寻不到人问个究竟。

那杨月楼呢？似乎不太关心沈月春，只是看着台上赵云，发问。

杨月楼吃了小半年官司，写了伏辩，判了逐出县境，回了北京。徐太太的女儿自然也没娶成。广东绅商的恶气也就出了。

……沈月春和杨月楼，似乎不应就此了局吧。

后来，有人在别的倌人处撞见了月春堂子里的小大姐，才知道月春是去了杭州，在西湖边剃度出家。居然也有人动心要去访伊，几回去，都没有见着。

所以说，痴心女子负心汉！你们想，月春对杨月楼，总算是仁至义尽？一片苦心，打点着半个月后，他的伤将近好了，巴巴儿地买通牢头，进去见了杨月楼一面。

月春说，一直在为他茹素礼佛，愿他消灾解难，回头是岸。

牢头说，杨老板好大脾气，眼睛瞪了好大，跟着背转身，用力挥挥手："谁要你吃斋？谁要你忏佛？出去！我不认识你！"

啊，哦，呵，唉……有这样的女子，就有这样的男人。不知谁讲了这句。

《长坂坡》已到尾声。赵子龙遇到了张翼德，一段好长的念板。讲完，摇摇欲坠。"子龙将军一日一夜不曾歇息，快快过桥，寻我大哥去吧！"赵子龙怀抱阿斗，踉跄退场，临到场口，反身一个吊场，眼神里满是沧桑的光。

彩声雷动。好一个不老的赵云、再世的子龙。

开花榜花国选总统

《游戏报》要开花榜。在一品香设宴，招待花界闻人，共襄盛举。

我因为时常在各色会上行走，游园会、赈灾会、演讲会，少不得到场助助兴、帮帮忙。因此呵，请柬上，也有在下小小的名号。前天茶房将请帖送到舍下，我一面赏他一角银洋，一面看那帖上，怕不总有二三十人，大体名字下都署了"知"字，没几个肯署"谢"字的。"看来老李的面子不小。"我边嘀咕，边在自己名下亦署了一个"知"字。

果然今日人来得齐。一品香订下的大房间，居然叫伙计加了一条边桌，方才堪堪坐下。老李被挤在主人位上，动弹不得。近来《游戏报》卖得不坏，他也便渐渐发了福。人多，略侧了身，向着门口，一迭声地叫手巾。十五烛光照在肉肉的颈上，时时闪出一道油光。

香槟，头盘，大菜，甜点心……手巾上了三把，加非茶也端到各人面前。老李立起来，拍拍掌，现场的喧嚷声慢慢低了下去。

"列位，本报再开花榜，用意无非是激浊扬清，服务花丛。只是而今时移势易，我大清亟欲仿西方列强制度，订立宪政，我辈为民喉舌，亦不甘人后……"李胖子渐渐慷慨起来，一挥手，险然碰到右面卢小开的鼻尖，"从前咱们开花榜，无非是状元、榜眼、探花、传胪的名目，如今科举眼见已是行不去啦，花界久列洋场，自应与时俱进。兄弟的意思，索性选出个'花国大皇帝'来！……"

李胖子还没说完，下面已嚷成一片。果然是时代不同咧，头两年章疯子骂"载湉小丑"，亦不过在租界里服服劳役，谁还理会什么君威莫测！想想看，倌人们什么时候当过皇上？大少们又什么时候嫖过皇上？这花国皇帝一选出来，那还得了？

"不错，不错，选皇帝，实行宪政！立宪万岁！"

"朝廷预备立宪要九年之久，我们只要九天，哈哈！"

"这个皇上怕不得世袭？哈哈哈……"

"到时我们在四马路办登基大典，全副仪仗！一直排到外滩！"

…………

嘴里一跑起马来，就没了个边儿。到底有些老成人，比方赵晋芳，毕竟是四品同知，想得实在些："列位！列位！……咱们不能只选皇帝呀，皇上也得有人辅佐不是？……既定了立宪，总得有个内阁，有个内阁总理大臣，有……"他说得慢，声音立即又被喧嚷声淹没：

"赵芬翁说得是！陆军部尚书！要看哪个战法最精！！"

"内务部呢？难道是房间铺得好？"

"外交部最好选，我心中已有了不二人选，说出来各位必定赞成……"

上海花界终于没能迎来自己的君主立宪政府，不是李胖子、赵芬翁不卖力，只能怪……只能怪中国终于也没能拥有自己的君主立宪政府。他们说立宪要预备九年，还不到六年，皇帝就没有了。

上海花界是很有耐心的。客人和倌人们，在茶围与局票之间，在摆台与翻台的吆喝声中，在棋盘街与昼锦里的耳鬓厮磨里，民国成立了，总统选出来了，又复辟了，又共和了，又复辟了，又共和了……晃眼已是西元的1917年。

李胖子已经死了。赵芬翁回乡下了。我坐在南京路北段的一个咖啡座里，看到《新世界报》倡议"选举花国大总统"。

总编辑奚燕子这篇文章作得巧。他首先质问：现在的政府，我们满意吗？现在的总统，我们拥戴吗？他又问道：那些猪仔议员，把选票都卖给军阀了，卖给财阀了。我们无权选总统，无权选总理。我们总可以选一个自己最喜欢的姑娘吧？

那一瞬间，我似乎看到了李胖子挥舞的双手，看到了当年大世界"立宪万岁"的旗帜……我这个老白相人,上海滩油锅里浸了十年染缸泡了十年的窖皮,眼眶突然有一点点湿。

在新世界游乐场任何一个报摊,你都可以买到《新世界报》的百权选票,一块大洋一张。可是,连着三天,我都没有买到票。最后还是二层的老叶,给我留了一张。

这可真是个创举。以前《游戏报》开花榜,都是凭客人写往报社的荐函多少,再参考各花报舆论的观感开出的榜单。你想想,谁能写信投往报社?谁又能代表舆论?一切都操纵在我们这个文人圈子手上。

但这次选花国总统,一元一票,谁都可以投,只需在选票上填写妓女姓名及住址(以防重名),将票放进新世界游乐场门口的票箱中。

三个月后,选举结果揭晓了。那天在新世界开票,人山人海,现场不少人打出横幅,上面有他们支持的倌人的名字,还有无数的花篮、无数的锦幛。

冠芳当选为花国大总统,副总统是菊第和贝锦,花务总理我认识,梅家弄的莲英。

听说,冠芳是有恩客为她买了两万张票才当选的。自然,冠芳的拥趸不会相信,他们总说,没有他们买票投票,苏州人冠芳怎么会当上花国大总统?其他人的支持者当然反过来,他们总在叫局时大谈某某人如何色艺双绝,如何艳冠群芳,却因为没有得力的客人,没能进入花国政府。

我支持莲英，可是我没多少钱。所以我心平气和，风月场里，什么时候不是在斗一个钱字？能吸引到有钱的客人，就是倌人的本事。

这场大选，自然也有冬烘先生在大报上横加批判，什么窃据名器喽，浇风流播喽，甚至有人呈请大总统查禁我们的花国大总统。呸，在租界里，谁吃你这套？

只有一篇文章，引起了我的共鸣。文章说，西洋人总喜欢用伟人的名字命名各种事物，什么瓦特炉、牛顿钟、歌德式教堂，从不认为是亵渎。如今，中国有了总统妓女，终于对传统的"名分"提出了挑战，"名分之说，为剥夺自由之恶魔"，因此，妓女当总统，正是老大中国的一种进化呀。

这位才子的高论令我深佩。我已经热爱上这种选举。显然新世界的想法与我一致，他们宣布，明年将继续评选第二届花国大总统。

刘维忠鱼翅泼龟奴

还是在讨论花榜章程的那当口。

有人清嗽了一声。说也怪，就像桌子下伸出多少只手，一条一条喉咙掐住，竟然比方才李胖子讲话还要清静。我侧脸往首席看，只看见漆黑团龙马褂，满脸青青的胡髭。

我问旁边的吴趼人："此人是谁？好大威风！"

"刘维忠。"

哦，难怪。的确是我们这行的人尖儿，丹桂戏院的老板。有人说，他是北京人，似乎还在旗。游客们在戏园子里叫局，丹桂是首选，地方大，宽敞，还干净，台上诸般机关，新奇好看，间或有西洋杂耍。倌人们也乐意去丹桂，那里的客人气派大，出手阔绰。

这个人要说话，大家理当洗耳恭听。

"列位，既然要改章程，就得改彻底。立宪这东西，咱们平日在报上看得多了，那玩意儿不讲出身，不论科班，只要有才干……直督袁大人，也不是两榜进士不是？咱们从前开花榜，评的是色，是艺。老李，你们不是还分过色榜、艺榜？这次再评，就不该光是色和艺啦，谁办得事好，也该进内阁！"

大家有点儿摸不着头脑。他这是说谁？花界不评色和艺，还评什么？

刘维忠不慌不忙："我推举一个人，选内务大臣。徐瑞卿。"

众人一阵慌乱，哗然。不少人在问：徐瑞卿是谁？她凭什么入选？势头不好，李胖子宣布翻台，去荟芳里，大家伙一哄而散。

到底是吴趼人见多识广，一路上，慢慢跟我讲徐瑞卿是怎么回事。

近年堂子大盛，往往变成交际场合。有很多人，并没有嫖的兴致，但有时迫于应酬，有时被强拉硬拽，也须摆台叫局。本来就不是恩客，也没有熟的倌人，随随便便叫一个，来了之后，也不见得会唱，也不见得会应酬，有时默坐一会儿，就转台而去，局账照样要开发三枚大洋。这不是冤大头吗？长此以往，大人先生、富商豪贾多有厌倦之意，上海的北里事业岌岌可危。

徐瑞卿自己并非大红大紫的倌人，但是伊瞄准这个苗头，训练了两名雏妓，专教歌唱媚迎之技，教好了，一个取名"自鸣钟"，一个取名"八音盒"，出去应酬，一出必是一双，称为"小双挡"。来到后，各唱一曲，满席生风，取费也只三元。你想众人如何不愿意叫这种局？

而且上海堂子里规矩之严，你也知道。一旦某某倌人是朋友叫过的，你就不能再叫，否则便是"割靴腰"，悬为大忌。但是小双挡不过十一二岁，转台也好，翻台也罢，总归是声乐之娱，席上增色罢了。这样一来，争风吃醋的事情也就少多了。你说，这徐瑞卿的力量，是不是比洋场工部局还大？

那伊应该老有噱头啦？头啖汤一喝，大把钞票银圆滚进荷包，而且，照侬讲法，伊算是花界救亡的风头人物，如何这两年不曾听人说起？

唉，吴趼人长叹一声。徐瑞卿这个念头想得好，跟进的人也多。五六年前，雏妓盛极一时，几乎无局不带双挡，但也是因为太盛，工部局出了告示，勿准十五岁以下妓女应客。徐瑞卿的算盘就打不响了。

马车默默向前，前方已是韶华灯火。我想着多少年来花界风流，潮起潮灭。

刘维忠为什么要替徐瑞卿仗腰子？上海滩这样的日子还有多久？

吴趼人坐在旁边，完全没有理会我在想什么。只听他"嘿"，轻笑了一声。

"怎么？"

"我想起刘维忠的一桩逸事，大大有名，侬要勿要听？"

刘老板也很喜欢逛堂子。他从不在丹桂叫局，多数是到书寓摆花酒。跟各书寓的头牌红倌人都稔熟。这一件事，我听好几个倌人讲起过。

好像是在荟芳里吧，哪家书寓，传闻有些参差。可以肯定的，是年关的当口。那日的堂子菜，双双台，例牌有红烧鱼翅。一个"乌龟"，就是大茶壶，颤颤地端了一大盆鱼翅，因为怕烫，还加了一个小木托盘在盆底。

大菜上桌，一席人的眼睛都在鱼翅上。独有刘老板眉头一皱，目光直射在大茶壶的衣服上。

说起来也是世风日下，堂子里的规矩也一天不如一天。那"乌龟"外面套的是全新的雪青湖绉，衣领口望进去，里面竟穿了一件狐皮大袄，似乎还是银狐的！

刘老板眉头渐渐舒展，招手唤"乌龟"过来。"乌龟"此时已将鱼翅碗摆好，恰在刘老板的右手边，一手拿着小托盘，颤颤地跑过来："刘老爷，有什么吩咐？"

刘老板呵呵地笑着："李四，侍候得好，把衣襟摊开，爷赏你个物件儿。"

李四想着必定是扳指呀、荷包呀一类东西，乐呵呵地摊开前襟。

哗的一声，一大盆热气腾腾的鱼翅兜底直泼到全新的湖绉、闪亮的银狐面上。李四被烫得嗷嗷直叫，仰面翻倒，砸翻了一个景泰蓝的痰盂。

刘老板伸手取过热毛巾，擦去手上的汤汁，眉毛都没抬一下。

"你穿了这个，叫我们这些爷们儿穿什么？"

· · ·  · · ·

第二辑

商界纵横

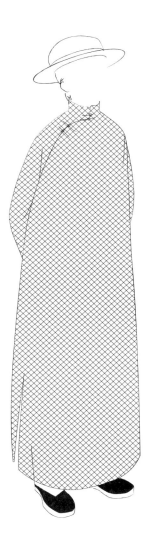

近代商业领域
照样有它的“双城记”：
首都北京，商埠上海，
新旧混杂，华洋并存。
而在儒家伦理与革命风潮的
夹击之下，
商人的地位一直不高。

深夜军粮
小顺子烧饼助平叛

"皇上到圆明园喽！"窗外这么一喊，二秃子爬起来就收拾家什，出门直奔西苑。不单是他这个卖烤白薯的，整个海淀镇，卖煎饼馃子的、卖糖葫芦的、卖切糕的、卖羊头肉的……全都奔西苑而去。

干吗？出皇差？皇上有御膳房，不吃烤白薯。二秃子们的主顾是随侍的众多官吏，尤其是军机处的老爷们。皇上在圆明园待多久，可没准儿，军机处都得在西苑的临时直庐候着，拟旨，办公事。饭当然也管，可内务府偷懒，老闹得一班军机老爷半饥不饱，这就做成了海淀镇多少小买卖人的衣食啊。

据二秃子说，照顾生意的不全是满语称"达拉密"的军机章京，那些大学士、尚书、侍郎什么的，也常自己跑到园子外来买吃食。夏天热的时候，有的老爷连朝褂也没穿。有的等不及，还没进园子就开始啃白薯。"这算什么呀？"二秃子得意扬扬地睨着旁边守红果摊儿的六狗儿，"我表哥，小顺子，知道吗？在宫里当苏拉，那买卖才叫常川生意呢！"

小顺子住在西华门内，正职是照管宫里消防用的大水缸，副业是卖豆汁儿、烧饼。每日天还没亮，他就在午门北边侍卫房外面摆开他的摊子。按规矩，早朝是五点钟，主顾们四点来钟就陆续来了，值夜班退下来的侍卫、上早朝的王公大臣、军机处轮值的章京，都喜欢来这儿喝碗豆汁儿，嚼个烧饼。小顺子这生意就趁个早点，不比那些太监卖糕饼、水果的，一直到下午都有买卖。

一天，小顺子还没起床，听见外面有火枪声，然后是呵叱声、脚步声，火光映红了窗纸。小顺子吓得不敢起身。

天渐渐亮了。外面也没了声息。小顺子正想麻着胆子出门看看。突然，砰砰砰，门被拍得山响。他战战兢兢开了门，一个侍卫满头大汗站在门外。

"有多少烧饼？全拿来！"

存货只有二十多，都拿走了。还好，给钱，没拖没欠。紧接着又拍别的门，砰砰砰。一条巷子挨家挨户搜吃的。

怎么回事？谁都闹不明白。过了半天，隐隐约约听说，有反贼乘皇上不在京，闯进了宫内！那要咱们的吃食干吗？听说侍卫们守住西华门，没东西吃，庄亲王派护卫买咱们的烧饼充军粮呢！

那反贼要是给剿灭喽，咱也算有功？大概吧。

也算经历了一件大事。小顺子记在心里，等平了反贼，回海淀说给家里人听听，不把他们吓掉了魂！

时在嘉庆十八年闰八月，白莲教林清等人与宫内太监勾结，杀入宫内，事历五日五夜始平，史称"林清之变"。

过年合子
众学徒吐槽庆新春

　　宣南（宣武门南）这几条胡同，虽然傍着琉璃厂和各省会馆，出门碰鼻子都是穷京官、举人老爷，还有买书卖书的各地客人。可是读书的小孩很少，大都还是早早入了商铺，当了学徒。

　　二子、小奎、福三儿，还有我，小时候在一块儿抓泥和尿的发小儿，这几年各学各的生意，平日里你回家我住店，见面次数少得可怜。学徒过年也不一定能回家，掌柜一声吩咐，该看店就得看店。有一年三十晚上看店，眼睁睁看着几条街外就是家和爹娘，能听到从那儿传来的二踢脚、麻雷子，弥漫南城的硝烟熏得泪水不停往外冒。

　　好容易三年生意学满了，又到年节下，初五前，谁也不再到店里去。初一饺子初二面，初三合子往家转。哥儿几个约好初三到福三儿家里吃合子，福三儿妈的猪肉韭菜合子做得倍儿棒！

福三儿家是旗人，旗人规矩，初五前不动烟火，不过在京里待久了，也不论那些个啦。炒俩鸡子儿，花生米，肉皮冻，再加一碟子腌酸白菜，小哥儿几个先喝着，等酒够了，再吃合子。

两三年不见，格外亲热，说说小时候出的丑，街坊邻居谁老（死）了，谁出嫁了，谁干上木匠了，谁的房子卖给宫里的公公了。侃得最多的，还是各自学的买卖。

二子跟着舅舅，卖花。大家都知道，北京种花的集中在丰台十八村，村村种的花不同。二子舅舅的花洞子在玉泉营，花厂子在护国寺，一年下来，银子哗哗的。

二子说，卖花就讲究个季节，月季、牡丹、茉莉，都有个应令当时，过了当季，市面上的花就少了，熬得住，就挣大钱，要不人家咋说"早上没饭吃，晚上有马骑。""秋分时候，山东菏泽的农民进京卖牡丹，一车一车的，一包六十棵，一棵才卖五毛钱！赵家楼那帮孙子，专挑没开苞的，压卖花的价儿，跟着放在暖洞子里，入了冬，拿火细细地熏，熏到春节，花开了，一朵牡丹，能卖一块大洋！操！"二子颇为不平，大概他舅舅干不了这个。

"这算什么？"小奎不大服气，"我听老客们说，从前，前清那阵儿，马家楼卢家，专门种佛手、香桃、藿香什么的，平时往药铺里送药材，枇杷叶能卖五块一斤！你还不能上别家买，你买了别家的，卢家就再不给你货啦。他的货全呀！这么着，南城种鲜药材的生意，都归他们家了。还有一桩，逢年过节，宫里老佛爷让李莲英李公公去他家买佛手，只要打点好了，一斤佛手五两银子！姥姥！他家一年少说能卖一二千斤哪！"小奎喝了口酒，眼都红了。

"别说人家！小奎，"福三儿拿筷子点着他脑门，"你在东来顺也有小三年了吧？就你有口福！哥儿几个谁有闲钱上那儿去？说说，那儿的涮锅子都怎么个好吃法儿？有什么秘方没？"

"咳，啥秘方！扯鸡巴蛋！咱们比一比、排一排，就我这徒学得脏！累！在我们那儿学徒，每一道工序都得跟着走一遍。你比方说，东来顺是自己养羊的，打德胜门外的马甸成批地买活羊，放在城外佃农家养，养得肥肥的，入冬再杀，杀了的羊，最好的部位，后腿、上脑，都留给自个儿店，别的，卖给别的铺子。你想想：一年少说卖个十万斤肉，好的肉还都在我们那儿！能不招客人吗？可是这养羊，委屈大了去啦……"

"别，"二子把他的话截断了，"咱们谁没吃过苦？大过年的，不叹那苦经！你就说说，东来顺怎么个好吃法儿？"

小奎来了兴致："你别说，还真有点儿门道！首先，这肉得切得薄薄的，掌柜有规定，一斤要切不出八十片，甭想上案掌刀！眼下老店的主刀大师傅，是从正阳楼挖过来的，一斤肉能切成一百片。你想想，羊肉薄，不单是涮着快，口感好，而且它是论盘卖的！一斤肉能卖出二斤半的价钱呢！

"其次，要说是调料——这都是我们那儿的秘密，哥儿几个可不能给我捅出去！捅出去我的饭碗就算砸了！东来顺的酱油不是打市面上买的，每年夏天我们都在后院晒酱，把上好的黄酱放在锡拉铺，就是大锡片子上，用桶接着被毒日头晒出来的油，再加上甘草、桂皮、冰糖……听着美吧？晒油的时候，哥们儿差点儿没给晒干喽！还有，腌韭菜花，得加酸梨！这样味道才会酸甜合口。酱油、韭菜花、辣椒油、王致和的玫瑰红豆腐乳，拌一块儿，一片鲜羊肉，在锅里一氽就得，那滋味，啧啧啧——"这小子，说得桌上的菜都没味了。

说到吃，他们把炮口对准了我："别装了！都说稻香春的伙食好，看你小子胖的！"他们用指甲掐我的手："手上都有酒窝了！"

"别掐，别掐，"我哎哟乱叫，"伙食好是不假，顿顿都是米饭，没粗粮——我们东家张森隆张经理是南边人，全店上下都跟着吃米。每餐四菜一汤，有荤有素，冬天还给换个火锅，每个月初一、十五，全店一块儿吃'犒劳'，广和居成桌的席面，张经理也陪着大伙一块儿吃，可有一桩，不许喝酒！要是柜上忙，赶不上饭，厨房管给送包子……"几个人又听得啧啧连声。

"瞧这点儿出息！你以为老板傻呀？他伙食开得好，还尽量鼓励伙计们多吃，那，也是为了多给他卖力气。你想，稻香春跟着东安市场开关门的点儿，早上九点开，晚上十二点才关——晚上尤其忙！吉祥戏院散了戏，来买吃的人乌泱乌泱的……还有，他也为了防大家偷吃，你想啊，柜上有的是南货，猪油核桃糕、核桃酥、八珍云片糕、奶油蛋糕……金华火腿、广东板鸭、高邮咸鸭、糟鲥鱼、苏州酱鸡、熏鱼、熏对虾、肴肉……吃哪样不比一顿饭贵？"

"嗬，这个张森隆，够精的！"福三儿在"义仁当"学徒，连他都说精，另外两人只有点头的份儿。

"张经理吗？他就是太精了！"我也是喝多了，平日冷眼旁观的心事，一下子全倒了出来，"我一进店，他就跟我讲规矩：只许东辞伙，不许伙辞东。东辞伙，一笔抹；伙辞东，一笔清。还有，十天有一回'说话'，各专柜掌柜的向他报告柜上情况，要是说你不好，三节前后，经理就来说'官话'，谁不是头上悬着把刀子在干呢？"

"可是，稻香春的生意是真好，谁不挑大拇指？"小奎学徒的地方跟我最近，看在眼里。

"唔，有些地方人家是让人不服不行。去年春天，下多大的雨？南市的核桃全砸手里啦。这时候张经理拿出现钱，大批收购，然后发动全店伙计，自个儿家里人，还有能来的伙计家里人，没日没夜地剥核桃。大的直接放在柜上卖，黑皮的，卖相不好，去皮，油炸，做成炸核桃仁卖，小的和碎的，没法卖，去皮，筛净，和在馅儿里，糕点、元宵，哪儿用不到？再碎的，和到面里，做核桃酥卖！啥也不浪费呀！"

"那你为啥还说他太精呢？"

"哼。"这算问到我心坎上了,"去年五月节,他兴用什么礼券,说是可以让客人买去送人,再来店里换东西。按说,这是件好事儿,预先就把客人的钱套过来了。可有一样,礼券换的东西,不算柜上卖货的收入!你们知道,柜上红包多少,会不会被说'官话',都跟卖多少货连着呢。礼券一兴,只见货出去,不见钱进来,柜上的人能不着急吗?人的眼睛都是亮的,一看见使礼券的,报价都是高高的,秤杆都是低低的。一来二去,客人也学精啦,开头不说,东西称好结账时,才拿礼券出来……这一下,柜上人能给好脸儿吗?客人吃了亏,还能再来吗?"

"怪不得!"小奎点头咂嘴,"听见人说最近稻香春短斤少两,我还纳闷,这不是毁自个儿牌子吗?"

"所以说,做生意,人不能不精,也不能太……"门帘一掀,福三儿妈端着热气腾腾的合子进来了,油香能把人冲一跟头。二子、小奎、福三儿顾不上听我说话,嗷嗷地叫着,接盘子,抓筷子,抢合子。我也顾不上再说话,跟着扑上去:"留点儿,你们给我留点儿……"

一刹那,四个学徒的小伙计,又回到了欢喜无限的童年。

被告抄袭
林汉达败诉教材界

　　自从见到那本新出的《标准英语读本》，提倡幽默的林语堂博士再也幽默不起来了，气哼哼地坐在沙发上抽烟斗。第二天一早，林博士赶到开明书店，要求总经理章锡琛进行侵权交涉。章总经理更不怠慢，一迭声吩咐请律师、写信、叫车，他要亲自办理此事。

　　本来嘛，打章锡琛脱离商务印书馆自组开明书店起，他就立心瓜分商务最大的蛋糕——中小学教材。一番精心策划，他请到了中国人里英文名气最大的林语堂博士任编撰，又约上海顶尖画家之一丰子恺配插图，再加上简洁典雅的装帧，《开明英文读本》一出场就先声夺人，各中学纷纷抢购，商务老牌的《模范英文读本》顿时黯然失色。这几天章锡琛正看着销量表直线飙升乐而开笑，想不到世界书局推出了《标准英语读本》，据林博士说，内容基本抄袭咱们的英文读本，这还了得？交涉！要求世界书局停止出版，赔偿损失！

世界书局老板沈知方是个滑头，一听此事，一推二六五，让《标准英语读本》的编者林汉达自己去和开明谈判。可怜林汉达大学刚刚毕业，谙得甚谈判交涉？托世界书局的老编辑写了封介绍信，去找章锡琛。章锡琛同样滑头，留下介绍信，写张条子让林汉达去找林语堂，只要你们能谈好，我这里没有问题，没有问题。

林汉达两次拜访林语堂，林博士家的听差只说主人外出，几时回来不一定。这分明是不见的意思。林汉达只好留下张名片，上面写些请指正拙著何处应修改，鄙人愿意接受之类的客气话，委委屈屈地走了。

谁知道，这是一个陷阱！章锡琛早已发现世界书局的介绍信上有一个漏洞，称"敝局出版之《标准英语读本》，与贵店《开明英文读本》有雷同之处"。雷同？那不就是承认抄袭吗？章总大喜过望，但老江湖就是厉害，声色不露，打发林汉达去见林语堂。他在耐心地等着对手犯错。

次日，上海各大报全登了开明书店的通栏广告，大字标题:《世界书局〈标准英语读本〉抄袭冒效〈开明英文读本〉之铁证》，世界书局的介绍信、林汉达的名片，统统被制成锌版，放大后登在报上。旁人说笑话：那天中华民国谁最大？当然是林汉达，他名片上那三个字占了两栏位置，比蒋中正还大几倍哩！

世界书局并不是省油的灯，事情闹到这份儿上，再不出手，就枉称上海五大书店之一了。沈知方向租界法院递交诉状，告开明书店一个诽谤罪，法院接受诉状，择日开庭。

这一来，引出一番龙争虎斗，甚至惊动政府高层，造成上海滩一场大波澜。

话说上海租界法院，此时早已没有了清末民初的威风，虽仍由外人管辖，法官都是由南京政府司法部任命。沈知方正是看准了这一点，抢先请了上海最有把握打赢官司的女律师郑毓秀。

郑毓秀为什么最有把握？不是条文熟，不是口才好，反正她就是逢打必胜。上海滩流言最多，有人说她与司法部部长王宠惠"关系密切"，咳哼，我不知道。律师打官司包赢不输，那还不是头牌大状？这次郑律师答应出场，代价是三千两银子，比美国同行还好捞啊。

法院一开庭，局势一边倒，郑女士怎么说都有理，开明说什么都没理。气得开明请的律师郑希濂把皮包扔在章锡琛的办公桌上："这官司一点把握都没有，我辞职！"

章锡琛也有点儿慌了。不过，开明也有自己的门路。章总把两本英文课本派专人送往南京，请教育部鉴定抄袭事实是否成立。这一边，开明书店与世界书局继续在报上打广告战，天天通栏，人人争阅，各中学暂停征订英文课本，静待结果，读者反映比什么强奸诱拐剥猪猡还要好看，史称"二林之争"。

南京教育部久久没有消息。章锡琛又派人去打探，原来教育部内也意见不一，不少人认为世界书局的英语读本也有其独到之处，甚至有人认为这个读本比林博士的书略胜一筹！章锡琛闻讯更急，下死力游说教育部高层，林语堂也写了好几封信，请托南京诸位大佬，一定要赢得此仗！

最后，教育部部长蒋梦麟一锤定音：《标准英语读本》确有抄袭冒效《开明英文读本》之处，不予审定，禁止发行。开明书店在南京的线人一接到蒋梦麟的亲笔批词，火速送往上海。此时，距世界书局诉开明书店诽谤案终审判决，只有三天了。

章锡琛拿到教育部批词，高兴得手都在发抖。关键时刻，章老板显示出了他对中国国情的谙熟及对司法界的了解，他没有将这份重要证据送往租界法院，而是连夜将批语制成锌版，原文刊登于上海各大报的头版。

租界法院本已拟好判词，判定开明书店诬陷他人，重罚兼追究刑事责任，突然看到报纸上冒出这么一个批语，大吃一惊，手忙脚乱。本来一边倒，有了教育部这个批语，就得再斟酌斟酌了，王部长固然得罪不起，蒋部长也不是好惹的！

第二天，法院宣读判决书，开明书店的广告确有侮辱林汉达之处，罚款三十大洋。这无异于开明书店的胜利。开明得理不饶人，穷追猛打，索性在全国各地报纸上都刊登大幅广告"开明英文读本何故被人抄袭冒效"。各中学一看教育部有明文，立即找世界书局退书赔款。经此一役，世界书局从此不再染指教材，《开明英文读本》称雄教材界达二十年之久。

最可怜的是林汉达，他对教育部批文不服，亲自跑到南京去申诉，被教育部次长朱经农一顿奚落："人家是博士，你呢？一个大学毕业生竟敢顶撞林博士？就算你的书没抄袭，林博士说抄了，就是抄了！"这一刺激非同小可，林汉达不日即远赴大洋彼岸，声言拿个美国博士，再回来跟林语堂算账。可惜这个愿望最终没能实现。待得林汉达博士学成归国，林语堂博士早已移居美利坚，《吾国与吾民》也已经在美国畅销书榜上停留了五十多周。

招股无着
张季直卖字上海滩

　　甲午恩科状元钦赐进士及第翰林院修撰江宁文正书院山长张讳謇字季直号啬庵先生，近日异常郁闷。

　　想起去年正月，朝廷发布谕旨，准湖广总督张之洞奏，派张謇、陆润庠、丁立瀛三员，分别在南通州、苏州、镇江设立商务局。张、陆两位都是状元，是天下读书人中的翘楚，"状元办厂"，一时震动天下。南七北六十三省都在传说，朝廷这次真的是要实行重商主义啦。

　　一年过去了，比他整整大十二岁的陆润庠，其苏纶纱厂已经隆隆动工，可是张謇的大生纱厂呢？还是一片荒地！

　　张謇叹了口气，缓步踱到书房的窗前，窗户正对着花园，不过是早春，蜡梅开得正艳。若是往年，正是消寒迎春的好时节，修禊、诗钟、文会联袂而来，哪张帖子少得了殿撰公的大名？而今自己坐困愁城，儒林来客，一律挡驾，连架上的图书，也孤单了半年有余……眼光转向壁上的一张条幅，那是半年前写的，中间有句，特别的刺目——"言商仍向儒"，嘿嘿，照如此这样，还怎么儒得下去？

他不是没有预备纱厂招股的为难，早在前年冬天，他就已经在江南四处活动，奔走两月，除自己以外，张謇邀请了六位董事，一起协商认办纱厂。三位本地绅士，都是花布商；三位上海人，一个捐班知府，两位洋行买办，人称"通、沪六董"。邀得这几位加盟，原料、工作、销场、资金都有了数，再加上自己的官场学林人望，他觉得胜券在握。一切议定，这才知会湖广总督张之洞，上奏朝廷，兴办实业。

当时说得清楚，纱厂"官招商办"，预计招股六十万两，一百两一股，共计六千股。其中通州、海门占二十万，上海招股四十万。张謇深知通海绅商财力有限，还追加了一句，如果通海股份招不足，再由上海集补。

选办纱厂，他是有把握的。开埠五十余年，洋纱土布，优劣自不待言，但西洋纱布只能售卖沿海一带，内地市场尚属空虚。华商兴办纱厂，原料、人工、运费都较西商为廉，浮平折算，一百两一股，一年可以有廿二两的红利，很不错了。

哪知道选址之后，奠基、浚港、筑岸、建造厂栈，通海的银子已经去了二万多两，上海的股本却连影子都看不着半点。发信去催，着人去催，潘华茂、郭勋两个洋行大班，倒会打官腔！说什么沪股四十万，咄嗟可办，只是通海出多少，上海便出多少，而且，要由上海方面管理……这分明是信不过纱厂能生利，想反悔，想撤股，又惮于协议墨迹未干，故意刁难！

可是上海的股本不来，通州、海门真的招不来偌许的大笔钱财，拖延到去年七月开董事会，早该到货的二万锭纱机一锭未办，白撂着厂房、栈房、宿房在那里吹江风。

那时他真的有些后悔了。张謇走到桌前，坐下，搓搓手，提起有些冻住的狼毫，呵了几口，继续给武昌鄂督衙门里的幕僚赵凤昌写信。

　　我张謇并不是不知道自己出身寒门，儒读半世，岂敢轻易答应办厂之事？只不过咸同以来，国事日非，书生报国无门，而且愈来愈为世人所轻，说起来，总是"空言负气，清谈误国"几句评语，反过来，书生也愈来愈愤世嫉俗……社会所看重的，一是秉政柄者，一是拥巨资者，然而有权者昏暗愚蔽，难与谋事，有财者又无心济世，忍看厦倾，国家教育远未发达，能只手擎天、扭转乾坤之人自然无生长之壤。思之再三，能与当权者议政，又能与拥资者谋者的，也只有我辈勉强任之，踟蹰多日，才应承下来，至于屈己从人，觍颜求进，哪里能计较得许多？

他搁下了笔，盘算着下面如何措辞。

上海商人首鼠两端，食言而肥，官场中人又何尝信得过？中兴以来，办了多少洋务，哪一个不办成尾大不掉、亏空万端？所以办厂动议之初，盛宣怀这个最大的官员兼商人，分别写信给张之洞、张謇，力劝他们"务必商办"，不要沾染官股。杏荪这个人城府甚深，这话却很投合自己和张之洞的脾胃，官府一旦插手实业，厂方马上变成衙门，这样的先例还少吗？

可是商股无着，骑虎难下，不向官府伸手，我张季直一介书生，空顶着个状元的头衔，难道就能变出机器、纱布来吗？正好，去年上海纱市败坏，几家纱厂都有意停办或出卖，但大生手里没有真金白银，只有上海商务局手里……

三年前，湖北向地亚士洋行购买了四万余枚纱锭，因为总督易人，这批货就堆在杨树浦，无人过问。刘坤一任两江总督，急于脱手，令上海商务局道台桂嵩庆将其贱价出卖，但一时谁有钱来买这些锈烂的"官机"？这时候张謇出手了。

双方达成协议，将四万锭官机折价五十万两，入股大生纱厂，另外招股五十万两。这一来，"官招商办"变成了"官商合办"。

"也许真的是错了……"又是四个月过去，张謇在上海和通海之间，不知跑了多少趟。谁料到，上海的买办们托辞纱市不景气，头寸难调，沪股依旧迁延无着，这边厢，通海的股东也开始打退堂鼓。他们说，官股占了一半，官府肯定会派总办、会办来管理工厂，专权垄断，欺凌商人不说，不是自家的生意，"崽卖爷田，谁会心疼"？张謇为了招股，办了好几回宴席，相熟的绅商也一一登门，但只要提到"纱股"二字，好脾气的微笑不答，交情差点儿的，直接把脸扭到一边儿去。张謇少时家境不坏，入幕后与吴长庆宾主相得，应考时更是深得清流重臣如潘祖荫、翁同龢、李鸿藻的青眼，除了那次冒籍案发（那也主要是父亲应付），几时受过这样的气呵？

但是箭在弦上，不得不发，不收官股，又有什么出路？他只好向此次倡办实业的带头人张之洞求援了，当然，信不能直接写给总督大人，只好托老友赵凤昌居中转圜。

兀自沉吟，倒有家人来报，武昌府有信来。他心里别地一跳，吩咐了账房款待来人，拆开信，正是赵凤昌写的。

张謇办厂的困境，武昌方面也略有所闻。这封信明显是张之洞的意思，邀请他去武昌看看湖北的"新政"，大家讨论讨论，"或能为吾兄谋一妥途"。

也只能这样了。留在通海，也不过是愁白了头，去武昌走走，或许倒能生发点路子……毕竟这是张南皮奏办下来的事，他亦不应坐视吧？

张謇走到窗前，扬声叫家人张祥："去订一只官船，明朝上水去武昌……出门时顺便往里面带个话，我还要访两个客，晚些回来……叫账房好生招待武昌来人，照常例打发……"

张謇将未写完的信笺小心地折了起来，夹进架上的文件包里。留待他日自订年谱用吧，他自嘲地想。

跟包的捧着出门的大衣服，已经跨进了书房门。

从武昌回来，张謇觉得神清气爽。

他参观了天下知名的两湖书院，"规模宏厂，天下无对"，这很合他"新政教育为先"的理念。铁厂、枪炮厂，都是西人率众教练产出的货品，非李鸿章创办的江南制造局出产可比。

"香帅，"张謇大为高兴，不吝赞叹，"湖北的实业，天下第一，西人之艺，尽萃于此，爵相、岘帅老迈，大清中兴之机，我看是在两湖了！"

湖广总督张之洞最喜欢别人说他比两广总督李鸿章、两江总督刘坤一强，湖北新政又确实是得意之笔，所以两人谈得入港，交情又深了一层。

不过，张之洞再肯帮忙，总不能帮张謇招齐商股。他约张謇、赵凤昌深夜密谈，听说了招股的难处，想了两日，倒想出了一个法子。

"季直，我听你说来说去，主要是两点难办，一是资金过巨，难于筹措；二是官商合办，不能取信于商。这样……"

张之洞的法子，是将那折价五十万两的官机对半平分，让刘坤一捺着盛宣怀，与张謇"合领分办"，在通海、上海各设一厂。这样一来，张謇只需筹够二十五万两股本就可以开办大生纱厂，先把厂办起来，将来再扩大规模。

至于商家的疑虑，张之洞表示，由他去向刘坤一说项，将"官商合办"改为"绅领商办"，等于张謇用自己的名誉，为商股作保。这样官股虽然仍占一半，却不必插手人事生产销售诸权，只要按时领取"官利"即可。

这种方式，也只有大生纱厂才做得到。一方面，张謇翰苑清彦，望重天下，与张之洞、刘坤一都有交情，官府由他代管纱厂，于情于理都说得过去；另一方面，通州商家对这位状元公也很信得过，知道他不会"崽卖爷田"。

张謇又一次信心满满地奔走在通沪道上。

但他万万没料到，上海商人仍然不看好大生纱厂，几位沪董先后辞职，商股全都着落在通州、海门两个小地方。到转过年来，厂房还未完全建好，张謇筹到的六万多两银子又已花得干干净净。

他只能又向上海的官僚们求援。

当时纱锭入股时，上海商务局道台桂嵩庆曾拍着胸脯答应张謇，一旦工厂建成，他至少可以助集五六万股本，纱锭一出手，姓桂的像是没事人一般，一次两次去上海，根本见不到人。还有盛宣怀，一直高唱"商办为优"，也曾答应过鼎力相助，而今同样绝口不提，百般躲闪。

盛宣怀，张謇管不着，桂嵩庆这小子，你可是在总督衙门夸下的海口！张謇好不容易在两江总督府揪住他一次，也不顾官体，一直就扭着去见刘坤一。刘制台呢，口头说两句罢了，胳膊肘还能往外拐吗？

张謇真是没法子了，山穷水尽，连回南通的旅费都支绌得很，只好在《申报》上登了告示：状元张謇，于四马路售字三日，观者莫失良机。唉，说来惭愧得很！

这还不算，张謇回到南通才发现，那所谓折价五十万两的"官机"运到了，三年堆在黄浦江边上，风吹日晒，只有一半可以勉强开动，其他的，还得借款购买零件来修补，折腾了六个多月，大生纱厂的账目上又蚀去了七万多两。

光绪二十四年（1898）冬，张謇刚刚目睹了百日维新的夭折，惊闻了六君子的死难，还在为囚居于瀛台的德宗皇帝与软禁于常熟的老师翁同龢等人的命运揪心不已。但大生纱厂的危机逼得他无暇他顾，只能从政治危机中转过身来。

十一月十二到二十五，十四天内，张謇连发五信给刘坤一，三电张之洞、盛宣怀，内容只有一个：求款。商股招不到，官股又求不得，张謇一咬牙，说出了他最不愿意说的威胁：

> 实在不行，请大帅另派人接办；还不行，就招洋股吧，日本人早就想注资了！如果不允许招洋股，又不能拨款，我只能将前后事项写入奏折，直接请南洋大臣代奏。事至今日，谦逊无益，宁可我逼人，不可让人逼我！

此时的张謇，哪里还讲什么状元身份、儒林涵养？关键是要买棉、开机、出纱！

刘坤一毕竟有所忌惮，终于从地方公款拨了部分给大生纱厂——且慢，钱不是江宁藩库拨出来，而是由南通州转扣，难道通州知州汪树棠就那么好说话吗？

年前大生纱厂议定上报之时，汪树棠满口答应协力同心，可是如今烟不见一柱、纱不见一缕、银不见一锭，倒要他从肋条骨上捋钱下来，如何甘心？先前，刘坤一命他"协力劝募"，他一把签撒下去，差役四出，上街下乡，鸡飞狗走，民怨沸腾，都说是张状元逼敛民财，搞得张謇哭笑不得，还得备了手帖去劝汪知州"缓行劝募"。而今汪树棠接到制台衙门拨款的手令，不好说不给，却另使了一个坏招。

他把地方上"宾兴""公车"两项费用挪用来拨给张謇。这是秀才上省乡试、举人上京会试的津贴费，在大生纱厂不过是杯水车薪，在许多穷书生却是一生的指望。消息一出，三百多名秀才立即联名递呈，并计议在明伦堂集会，声讨张謇。

总之，底下有人使绊子，上面有人上眼药——浙江候补道朱幼鸿上书刘坤一，称"张謇乱要钱，大帅勿为所蒙，厂在哪里？哪有此事？"其实此人想浑水摸鱼，把大生纱厂搞过来自己办。这许多焦头烂额的事，张謇是如何一一平息的，不必多述。

张謇来往沪上的旅费，一年多来，一直是靠卖字筹措。

他小时候看戏，戏里总有穷书生无钱上京赶考，沿途卖字维持。想不到他自己上京会考六次，不曾落魄到卖字为生，大魁天下之后，反倒要靠砚田笔耕来跑上海，想想真是可笑。

比较著名的一个镜头是：张謇曾困居上海两月，无人理睬，也无人接济，能来"苦语相慰者"，不过郑孝胥、何嗣焜等二三子而已。入夜之后，旅居喧嚣，张状元只得约上朋友，在大马路泥城桥一带徘徊，上海人叫"轧马路"是也。上海白得有些惨淡的路灯光，照着这位四十六岁的翰林院修撰、江苏商务局总理、大生纱厂董事长。

只能说天不绝人，大生纱厂三月开工，夏秋之间，棉纱行市大涨，洋纱供不应求，而位于南通的大生纱厂优势开始显现：工人来源充足、原料就地购进、工资较上海为低。张謇的纱厂在动议的第五年，出纱的第一年，终于抹去了账面的赤字，纯利是五万两。

两年来头一回，不需要卖字，张謇状元来到南京，谒见两江总督刘坤一。五年来，张謇给刘坤一出了多少建议，刘有用有不用；要了多少回钱，刘有给有不给；辞了多少回职，刘一概不准。这次见面，倒没有什么事，张謇却一改简要撮述的日记习惯，详细记录两人见面的状况。让我们想象一下当时的场面：

　　刘制台满面堆笑，拱手称谢："殿撰公辛苦！本部堂给殿撰公道乏！不日保案，先生定居前列。"

张状元手一摆："纱好，是因为土壤好、天气好，跟人没什么关系。"

刘制台还是笑容满面："哪里，哪里，都是先生之功……"

张状元截住他："不敢，办事都是各位董事与执事人员的辛劳，謇何功之有？"

刘制台有一点儿尴尬，不过毕竟老成，仍然和颜悦色："先生不居功，但总吃了不少苦……"

张状元还是不给面子："苦是自己吃的，不敢有所抱怨。"

刘制台无语，干咳了一声，望望左右，才又开口："此次事成，两江上下均感欣慰，实业之兴，指日可待。先生放手去做，就算折本，也是不妨事的……"

张状元擦擦鼻子，冷笑了一声："不成则已，只要成，哪有折本之理？"

后续如何日记没说，我想刘制台再也没什么好说的了，只能任张状元出这一口五年的恶气，打个哈哈，端茶送客罢了。

暴雨墙塌
彭翼仲修房托房市

  彭翼仲是江苏长洲人，他父亲把全家带到北京。彭老太爷做了几十年京官，也就凑合着在保安寺街有一所破房子一家子人自己住。穷京官就是这样，全靠外地进京的官员冰炭两敬，还有就是同乡举人的印结费过活，稍有点儿风吹草动，就得上当铺。这样的家底，禁得起折腾吗？可是天不佑德，屋漏还真碰上连夜雨。庚寅年（1890）阴历五月起，开始下倾盆大雨，一直下到六月。虽然比不上马尔克斯记忆中的百日大雨，但也下了五十多天，以当时北京城的排水系统，您可以想象成了什么样子。水像河流一样从城内往城外涌，街上深的地方能淹没大车轮子，浅的地方也能到马腹。连明朝带清代五百年帝都，从没见过这么大雨！

  彭家早就淋透了，彭翼仲让老爹打着伞坐在稍干的地方，自己蹲在墙角，结果半夜墙倒了，差点儿没把他砸死，没办法，手心朝上求人，借了长元会馆几间房安身。等雨停了回家一看，屋顶都还在，墙全倒了，十几间凉亭！修吧，得三百两银子，哥儿几个拼拼凑凑算是把这事儿了了。怎么？老头子说这屋死过三口人，坚决不搬回去。您不早说？彭翼仲都快急死了。

还是朋友帮忙，给他们家再找一所房子，把原先的住处租出去。两边租金相抵，不也一样吗？彭翼仲松了口气。就在这个时候，否极泰来了，有人要买他们保安寺街的房子。我猜老彭肯定碰上了个好中介，卖完一对账，除了原价和修房的钱，他净赚了六百两！

老彭是聪明人，六百两够干什么？可是整个京城，被大雨冲塌的院子屋子有多少？像彭家这样无力修缮的又有多少？租人家房子，雨后没地儿住，急着买房的人又有多少？彭翼仲拿这六百两银子去买烂房子，修好再卖，随买随修，随修随卖，他自己说："俨然一小建筑公司也。"每一处房子，至少能获利三倍。两三年下来，老彭赚的钱已经在一万两以上！

要这么发展下去，彭翼仲兴许就不会办什么《京话日报》了，即使办，也能像美查、英敛之一样，弄出个《申报》《大公报》那样的大报来。何至于困苦到除夕夜为了二百两银子的债差点儿上吊？可惜呀，他不是活在1995年，而是1895年。

这一年，中日甲午战争爆发，黄海一战，北洋水师全军覆没，谣言四起，日本人已经占了威海卫，逼近锦州，就快入京了！大户人家纷纷外逃，京师十室九空，房价一落千丈。这场从朝鲜半岛引发的战争，成了十九世纪九十年代北京房地产界的崩盘点。而崭露头角的"房地产开发商"彭翼仲，就这样结束了自己的业界生涯。

发财梦碎
橡皮股崩盘变股灾

他们说，上海开埠以来，从来没有过那么大的一场灾难，就连闹太平天国，闹小刀会，都没见那么多上海人哭哇。

我记得那一年，宣统皇帝登基还没几个月，北边来的人说，国服还没除哩，戏园子里也都没开箱。他们走进我的栈房，把一张报纸狠命地拍在柜台上：

"你还在发梦呢？发财的机会就在眼前！！"

那是一张老《申报》。或者《新闻报》也说不定？总之是大报。五版上通栏三号大字标题：《今后之橡皮世界》。我正待细看内容，一把手呼的一声将报纸抓起来：

"阿六，勿要讲做兄弟的不照应侬！遍地黄金，看侬捡不捡！兄弟几个商量凑股的事，晏歇见！"

说完一阵风似的跑走了。弄得我晕头晕脑想了半日。

后来我从隔壁借到了报纸，坐在门口细细地读。黄浦江浪哗哗地拍击着外国大轮船，似乎在向上海人诵读着一个世界。

那篇文章说，如今世界的汽车工业飞速发展（是啊，上海的汽车招牌老早就两百多号了），造汽车需要啥？轮胎。轮胎啥做的？橡皮呀。所以世界上新开的橡皮公司，多得邪气。橡皮这个东西，是从树上长出来的，树末，斐洲、亚洲，到处都是的呀。（是的呀。）只要你去割，总归是有的。（有道理哦。）所以拿钱去买橡皮股票，就好比请人去斐洲帮你割橡皮。（说的也是。）橡皮定规是不愁卖的，所以买橡皮股票，稳赚不赔。

这不是啥新闻嘛。橡皮股票赚钱，老早有人说了。两三年前，有一家叫作什么"英渣华"的公司，发的橡皮股票，一股一块英国钱，他们说，合九两银子。吓！大把银子捧出去，只买到一张纸！不过橡皮股票价钱涨得大极了，才五六个月，竟然涨到了三十两银子！也是一张纸。阿是吓煞人？

不过那时的橡皮股票，只卖外国人，上海人总要做到康伯度（买办），才好涎着脸求大班代买几股，空看着银子水一样淌过眼前。《今后之橡皮世界》结末却说：英人麦边，鉴于橡皮世界指日可待，特成立兰格志橡皮公司，发行股票，欢迎商民购买。哦，他们说的发财机会，原来是这个呀？

好是好，靠勿靠得牢？他们说，不会有错的，这又不是广告，是报纸上的署名文章！侬定定眼睛看着，还会有好消息的。

好消息果然来了。报上说，兰格志橡皮公司招股完毕，即日成立，董事会将每周开会，公布最新发展。又过了几天，他们架着我去了电影院，说兰格志公司免费招待。我一看，好大一批种植园，一棵棵橡皮树撑破了银幕，有许许多多工人穿着短衫短裤，佩着橡皮刀，走来走去地割橡皮。

电影说，兰格志公司不仅采割橡皮，还在全世界开采石油、煤炭和木材。他们说，董事会说了，股票每年分红有四成五！四成五？那两年不就回本了吗？是呀，他们说，红利还可以滚入股票，阿六，这比放高利贷还赚呢！

七天后，他们说，董事会又开会了，会前收到了新加坡来电，橡皮今年丰收！还有伦敦橡皮市场，橡皮股票一小时一小时往上涨，就快抢疯了！

又过十来天，他们冲进了我的栈房，掐着我的脖子，狂吼：阿六！阿六！他妈的你还不买就去死吧！我们将来住洋房吃大菜坐马车斗番狗时你去死吧！我好不容易把卡住我脖颈的手拿下来，在一片烂糟糟的吵闹声中费劲地问明白：兰格志橡皮公司规程出来了，股票发行用期货交易方式，先认购，三个月或六个月后再交割。照他们看来，这不是空口袋背米，把钱往你怀里砸吗？现在十两银子一股认购，不交钱，等到半年后涨到三四十两再买再抛，无本万利！无本万利！

好东西总不是容易得来的。他们说，兰格志公司指定了，某月某日在什么地方预约登记，某月某日又在汇丰银行门口排队领股。他们摩拳擦掌，准备被服铺盖、草席马桶，抽签决定通宵排队的轮次。

那天我起得比平时早，可是栈房里有几单货要发，等我赶到汇丰银行门口，却惊讶地发现，大街上无人排候，只有几个红头阿三晃来晃去，地上噼里啪啦散放着许多单只的鞋。

我纳闷地往回走，到栈房门口，才发现他们已经聚在那里破口大骂。他们说，早上的汇丰银行门口，人山人海，轧死人哉！大门一开，大伙儿一气狂冲，翻倒踩踏，秩序大乱，早已埋伏好的巡捕（冲出来那么快，不是早埋伏好才怪！）趁机冲出来，拿着警棍往群众头上乱打（有人给我看额角的伤口），汇丰于是强行关上了大门，通知改期缴款。

第二天大小报纸无不刊登购股狂潮，全市轰动。他们包好头上伤口，穿着另一双鞋子，又是通宵前往排队。我终于忍不住了，停了栈房的生意，跟着他们去缴款。可是等了一天一夜，你也缴不了全款，一百股以上，只能交一成的钱，随你怎么拿钱往他们手里送，汇丰的职员根本不收。

整个上海的胃口都被吊起来了。一转眼，兰格志橡皮股票像飞一样地往天空飘扬。我晕晕乎乎，他们告诉，我已经发财了！原价十先令，不到六两银子一股的股票，现在有人愿意出七十二一股。我说那咱们抛了吧？他们一个巴掌扇过来：你疯了吗？涨的时节还在后头哩！

谁会抛啊？才三个月，发行股票才三个月，兰格志公司已经在派发股息了。每股可以得十二两半，哇，这是个聚宝盆呢，抛？你当我是阿木林（傻瓜）吗？

后来的人买不到橡皮股票，于是新的橡皮公司开张了，反正只要是姓橡皮的，都一定不愁卖。只一年工夫，上海的橡皮公司已经到了四十多家，上海人追买橡皮股票的狂潮达到了顶点，不要说想调一点头寸难于登天，太太小姐们的首饰、头面、钻戒，要想廉价脱手，都找不到买主。麦加利、汇丰、花旗几家银行都对外宣布，橡皮股票可以向银行抵押借款。这就好像往沸油锅里浇了一瓢凉水。我看报上说，整个上海投向橡皮股票的资金，已经超过了四千五百万两银子。

宣统二年（1910）三四月间，橡皮股票价格到达了巅峰。晚发的那些，像汇通洋行发行的地傍橡皮公司股票，票面是八两规银，市价涨到了六十六两。橡皮股票的鼻祖、麦边洋行发行的兰格志橡皮股票，三月底涨到了每股规银一千六百五十两，是原票面价的二百七十五倍！已经抛掉的人，垂头丧气，还持有的人，扬扬得意。

后来他们说，麦边洋行在推广兰格志橡皮股票时，一直在猛力砸钱，拖死了多少空头！保证兰格志股票只涨不跌。有个叫刘柏生的富商，一度想做空头，狂抛了一批兰格志股票，希望把股价降下去，再抄底吃进。但是麦边洋行死撑股价，抛多少吃多少，弄得刘柏生到了股票交割期无股可交，只好高价补进，大伤元气。

五月，麦边洋行大量抛售兰格志橡皮股票。七月，外商银行集体宣布，停止橡皮股票押款。

狂飙突起。上海人被打蒙了。他们像去年抢购股票一样，冲去众业公所抢抛股票，但哪里来得及？橡皮股票几日之间，从平均每股九十多两规银，急跌到每股三两不到，而且有卖无买，橡皮股票顿时成了死市。

众业公所，上海最大的市民股票交易所，倒闭了。

公所门口集聚着大量的人群，哭，喊，泣，撞头，上吊，晕厥，猝死……人群中不知谁喊了一句：早死早超生！

活着的，苦日子还在后头。七月二十一、二十二两天，正元、谦余、兆康三家钱庄连续倒闭；升大、余大、瑞大、承大四家钱庄被迫宣告清理，史称"三庄倒闭，四大皆空"。呼喇喇，上海市面空前萧条，人人自危，户户惊恐。

上海道台蔡乃煌弭平了这场风波。他自己也购买了大量橡皮股票，他不会让自己的银子白白丧失的。虽然我不知道他是怎么运作的，但他居然说服了两江总督张人骏，由政府出面来清偿倒闭钱庄的债务。

洋行赚了大钱（他们说，有二千万两之巨），银行毫发无损，多数钱庄也靠着官府熬了下来。那是谁受了大损失呢？

我去问他们，他们个个衣衫散乱，红着双眼：

狗日的！小赤佬！搞一场股票，比打一场仗赔款还多！

有人是打天津来的，他远远瞅着江里的大轮船，字正腔圆地骂了一句：

我操你们这些洋行大班的祖宗！

毕业北大
陶希圣学历遭歧视

商务印书馆编译所法制经济部编辑陶汇曾先生拖着疲惫的身躯，慢慢踱进灶披间。

孩子的妈正在生火，听见脚步声，回头望望，习惯性地搭腔："先上去坐坐，等一歇才好。"

陶先生望着伊伛偻的背影，想着一个横草不拈、竖针不动的大小姐，活活被上海的生活，逼得可以用一根柴做熟一顿饭！

由"一根柴"又想到《金瓶梅》里的宋蕙莲，用一根硬柴可以将一个猪头煮得稀烂。小时候总不信这话，而今看来，只要柴粗些，火生得巧，上海弄堂里多少妇人都有这本事。

上了楼，随意在架上抽了册书。傍晚的光线还算清亮，视线投在书页上，却像皮鞋在磨石的地面上走，一次次地滑开，总也站不稳。他索性抛了书，直愣愣地望着窗外，一缕缕都是炊烟。

饭香由远至近，他明白是自家的饭熟了，却全无往日的食欲。直等到孩子的妈上楼来催他，陶先生还是一动不动地坐在藤椅上。

屋里渐渐暗了，孩子的妈喊了两声，不见回应，只好点亮了煤油灯。

"咋个搞起？"她用湖北土话问。

丈夫的脸色在昏黄的灯下分外难看，听见问，脸上肌肉动了几下，似乎想压住冲口而出的话，终于没有办到：

"今儿我才打听清楚，所里的待遇是怎么分等的！"到底是北京大学毕业，陶先生总不肯打乡谈，说的仍是京腔。

见丈夫生气，陶师母不敢吭声，只把煤油灯芯捻小了些，于是室内更暗了。

陶先生也无须太太答话，只顾说下去："像我这样，北京大学毕业而有教书经历，月薪八十元，用的是三尺长、一尺半宽的小桌子，坐一条硬板凳。桌上的墨水是工友用开水壶式的大壶分注到若干个小磁盂中，一人一磁盂。这你是知道的。

"若是日本明治大学一类学校毕业回国的人，月薪一百二十元，桌子长到三尺半、宽到二尺，也是硬板凳。如果是日本帝国大学毕业，月薪可到一百五十元，桌子长到四尺、宽二尺半，藤椅一把。桌上有水晶红蓝墨水瓶，另加一个五格的木架子。

"若是欧美一般大学毕业回国的留学生，月薪达二百元，桌椅同于日本帝国大学。如果是英国牛津、剑桥，美国耶鲁、哈佛，那就是各部主任，待遇顶了天，月薪二百五十元，桌子上有拉上拉下的盖，除了自己坐的藤椅，还有一个硬凳子，给访客坐。"

陶先生一口气说了许多，口有些渴，端起桌上的冷茶壶灌了一大口。陶师母赶紧接口："孩子们都在下面等着，是不是……先吃饭？"

陶先生嘿然无语，默默站起来。两人捻灭了油灯，下楼。

饭后哄睡了孩子。夫妻在昏灯下对坐。窗外已是全部的黑，隔窗与室内的黑相吞吐。豆点大的灯光努力撑开一圈光晕，却只能看清陶先生搁在桌上的手和衣袖，袖口磨出的毛毛的边。

"我来了半年，每月薪水都是主任单独给我，从来不知道别人的情况。"陶先生不想吵醒小孩子，声音低沉了许多，"桌椅待遇虽然不同，我总当是资格有先后，能力有大小，谁想到……喊！"

陶师母面上浮出一点疑惑，忍了忍，终于问："你不是说，王所长上个月还夸你，工作做得又多，又细？"

"谁说不是？他还说，周鲠生虽然是欧美留学，倒不如我这本国大学毕业生！当时我还想，所长真有眼光。周某人现在虽然坐着大桌子藤椅，总有一天会让位给我。谁知道所里是这个政策！我编了六部书，英文日文译了那么些稿子，周某人做了什么？他凭什么拿二百一个月？"

陶先生声音又大了起来，陶师母赶紧冲他摆摆手。

屋里又寂静下来。

过了一阵，陶师母怯怯地问："我刚才听你说，每月月薪有八十大洋，可是你交到我手里，只有四十元。房租已经拖了两个月，小孩子也要吃些蛋肉才好。剩下的钱——"

"剩下的，唉，都换了这些！"陶先生一指满架的线装书、洋装书，"我又不会去赌、去嫖！"

"我晓得嘞，你要买书，但总可以少买几册，留一些钱——"

"太太，你不必说了！"陶先生脸涨得通红，瞳孔也放大了不少，他的声音又太大了，"我总不能在商务过一辈子。我要图上进！"

陶师母不敢同丈夫吵。两人默默坐了一阵，陶师母捻小了灯芯，自己睡了。剩下陶先生坐在暗夜里，一个人想心事。

七年后，陶汇曾先生回到了上海。这时的他，已经用字行，通用的名字是"陶希圣"。

他去武汉闹了一段时间的革命。再回到上海，脸面大非昔日可比。时局不平靖，依然进了商务印书馆，这次却是总经理的中文秘书，待遇大变，"坐的椅子是四面转的。桌子可大了，长到六尺、宽到四尺，满桌的大玻璃板，右手边还有两架电话机。上下班且不用打卡"。薪水嘛，自然不用说。

陶希圣后来去北京大学做了教授。抗战时他选上国民参政会参政员，先随汪精卫去了南京，又潜逃回重庆，揭发汪精卫被日本诱降内幕，再一变为委员长的秘书，替委员长捉刀写了一本《中国之命运》。大陆易帜前，他是国民党中央宣传部副部长、《中央日报》总主笔。

陶先生说过：他要图上进。

译书商务
林琴南稿费要算计

"小谢，你来一下。"

新来商务印书馆不久的实习生谢菊曾，被人叫去见编译所所长高梦旦。小谢有点儿发晕，高先生对他来说是天上的人物！找他作甚？

高先生从抽屉里拿出一张纸，对小谢说："给你派一桩事，去图书馆找出所有的林译小说，好好数一遍，一共多少字，跟这张纸上的数字对比一下，再来报告给我。"

林译小说？小谢不陌生。他还没进商务印书馆，就或买或借，将这套畅销书看得七七八八。他喜欢《巴黎茶花女遗事》，也喜欢《魔侠传》，好像进入了一个完全陌生的世界。为此他还学了两年英文，希望有一天能够直接看懂这些西洋小说。

但是，为什么要数这些小说的字数？

小谢悄悄找了一位面熟的编译所前辈，才明白此事的由来。

中国新旧文化方生未死之际，多是翻译书籍大行其道之时。二十世纪之初，翻译书籍多如牛毛，而以翻译小说为多；出版翻译小说的书局中，又以商务印书馆为数最夥。自1901年至1916年，十六年间，出版翻译小说达二百四十一种，超过了广智、中华、文明、小说林社、新世界小说社、改良小说社等六家主要出版社的总和；而商务印书馆出版的翻译小说中，当然以林纾林琴南的译书为大宗。林琴南一生译小说一百六十三种，绝大部分都收入商务的"林译小说"中发行。

大家都知道，林琴南自己完全不识外文，他的译书，不过是别人口译，他来整理——康有为曾有赠林的寿诗"并世译才数严林"，把林琴南与严复严几道相提并论，总以为夸得到家了。谁知此诗一出，被夸的两个人都很不高兴。严复不高兴当然是因为"世上岂有不通外文之译才"？林琴南不高兴，则是既然是为他写的诗，为什么不将他放在严复前面？可见夸人亦不是易事。

无论如何，林译小说极为畅销，林琴南也便以译著名世，反而淹没了他桐城大家的声名。康圣人如果改诗为"并世译名数林严"，相信大家就没什么话说了。林琴南早期译作如《巴黎茶花女遗事》《黑奴吁天录》多半自费或与同译者合资印行，已经渐渐在读者中养成了众多粉丝。严复虽然瞧不起林琴南不通外语，但也于1904年有诗云："可怜一卷《茶花女》，断尽支那荡子肠。"

自从1905年在商务印书馆首次出版哈葛德的《鬼山狼侠传》后，销量甚佳，再加上1910年《小说月报》开始发行，期期都有林先生的译作，无形中帮助了林译小说的推广。于是出完杂志出单行本，卖得一发不可收，原本《小说月报》《东方杂志》上连载的小说，都是列入商务"说部丛书"发行的。商务当局一看林琴南的译著卖得好，立即将这些部书抽出来，单印成一函"林译小说"，整套发售，销路愈发见好。那时商务印书馆主办的各种杂志举办征文比赛，第一名的奖品往往便是一套林译小说。张天翼小时候就因征文获奖得过一套。

到了1916年，商务印书馆出的林译小说已经达到数十种之多，林琴南与商务的关系也相当密切。商务印书馆开给林琴南的稿费，为全馆作者之冠，千字六元。当时六块大洋可以买一石米（一百七十八斤），或五十斤猪肉，折合现在物价，大概相当于千字三百余元——如今的公号大V看见这个数字或许会撇嘴，但是要考虑到这只是"译著"，目前国内翻译的价钱，正常价格也不过千字七八十元。当然也有例外，林琴南译有一部《情窝》，因为先在天津一家日报上连载，因此商务出单行本时稿费减半。

1916年，林琴南写信给商务译书馆的负责人高梦旦，称过去十几年来商务支付稿费时，计算字数不够精确，前后少算了许多。言下之意，希望能找补一些银钱。以商务印书馆当时一流大出版社的地位，一般作者若有此要求，只当他是放屁。但林琴南素有往来，声名犹存，跟高梦旦又是有交情的同乡，于理于情都应该照顾照顾。于是，重新计算字数这活计，就派到了实习生谢菊曾的头上。

　　小谢刚进商务印书馆，办事很认真，他真的把一套林译小说逐一数过，发现以前计算原稿字数时，遇有只占三四个字的行数即抹掉不算，而每行中遇有添加进去的旁边整行小字，亦往往略去不计。重新核算之下，漏算的字数超过十万，最后补了林琴南六百多元，能买五六千斤猪肉。妈呀！小谢一家可以吃一辈子了。

　　可是前辈笑笑说，林琴南东算西算，还是亏的，"他那么多的译作，都是以稿费结算，反而是几部古文著作，如《韩柳文研究法》《畏庐文集》，抽的却是版税。推想起来，也许林琴南老认为林译小说只是畅销书，文集才是常销书？"

　　可惜事实偏偏相反，一直到林琴南去世后多年，林译小说还是许多小学生、中学生的必读书。他的古文著作却乏人问津。"林琴老当年要是听高所长的劝就好了。"已经是商务印书馆资深编辑的谢菊曾，有时还会呆呆地想。

保险起家
洋瘪三觅机沪租界

　　如果你回到二十世纪三十年代的上海，跟人提起"Starr"这个名字，不会有人想到办理莱温斯基案的那位独立检察官和带有色情成分的斯塔尔检察报告。他们会告诉你，那是美国来的"远东保险王"，上海人都叫他"史带"。

　　据说，来中国前，这个美国人是没有毕业的加利福尼亚大学法律系学生、小报新闻记者、保险公司掮客，也在律师事务所当过boy（洋行对听差的称呼）。他曾经隔着威士忌加苏打的气泡告诉旁人，他因为一桩敲诈案，得罪了洛杉矶的意大利帮老大，他用上司给的遣散金买了张去越南的船票。在越南干什么？猎象！听话的人暗暗发誓，下次要趁他威士忌没喝那么多时，重问一次在越南的经历。

　　史带第一次出现在上海滩，是民国五年（1917），身边只带一只旧皮包，住不起旅馆，也住不起公寓，只在四川路和南京路的转角，赁了一间阁楼，上海人叫"老虎窗"的住住。

　　他当然想弄个大班或大律师干干，但谁认识他呢？只能在《字林西报》做一个part time（兼职）记者，不支薪水，只取稿费。上海洋人圈，华人圈，他都不熟，也就没什么新闻可写。好不容易认识了两三个美国老乡，都不是什么上流人物，帮他从美国捎了几部"爆米花机"来。

　　那是一种很古早的老虎机，扔一个两角的小洋进去，扳一下手柄，会吐出一包热热的玉米花，市值五分。运气好，中了奖，会吐出几个两角银洋来。上海人那时只会赌牌九，打花门，了不起猜猜诗谜，至于大赌场里的巴卡拉、二十一点、轮盘赌，一般人是看都看不到的。来玩爆米花机的，赌是一方面，开开洋荤也蛮好。史带就靠这几台机器，挣到一笔本钱。

　　他还是想做老本行，保险。最早在上海滩开保险公司的，是英国佬，已有八十多年，美商的保险业在中国的份额不大。史带摸熟了上海保险业的底里，自己开了一家"美亚保险公司"，专做美商的代理。

　　这公司小得来，就在史带自住的老虎窗下，赁了一间写字间。这一赁就是八年，1927年才迁到外滩十七号。

　　史带在美国混得不如意，到了中国倒蛮吃得开。他常跟职员说，中国人，讲人情，关系一定要拉到家。史带最喜欢请上海滩的名人吃饭，有时还包下几辆汽车，邀请捐客们全家到苏州、杭州游玩。一个个故事到处流传：史带花了两千七百五十美元，给赵伯秀赵老在龙华修了座大墓！史带够朋友，友邦的康伯度杨，投机股票失败，史带替他还了八千四百二十两纹银……一来二去，美国佬史带的慷慨在上海康伯度圈子出了名。

美亚保险只是个代理公司，在代理过程中有多少古怪可找！航运保的"水险"，期限短，费率高，保费大。一般的轮船公司不敢不保，但保给华商，怕华商信誉不好，保给洋商，又觉得太贵。史带看准了这一点，在保单上印"费率如议"（rate as arranged），他只告诉掮客一个最低费率，能谈下多少，余剩的都是掮客的。那还有不奔走效死的推销员吗？

史带开出的最低费率比华商公司的还低，那他怎么赚钱？这里面有个法子，就是"积压"。一艘船从出港到抵埠，少则几日，多则十几日，稍等一等，看看天气良好，沿途平安，就倒填日期申报在美的被代理公司，当然，费率拉升得如溽暑的水银表。船不出事，保险公司就是无本生意，美国公司有保费到手，费率高些有甚么打紧？玩到狠时，史带干脆只是打着大公司旗号，赌上一把，只要熬到船只平安进港，保费就可以照单全收，哈！

日后中国最大的民营轮船公司，卢作孚的民生公司，在跟美国保险业打交道的八年中，吃尽苦头，耗费了几十万美元，最后得出这样的结论："美国保险公司是：（1）小额赔款照赔；（2）中额能拒则拒；（3）巨额相应不理。"中间有多少单与史带有关？不清楚。但美国保险业在中国商人中的恶感之深，史带功不可没啊。

1924年3月11日，北苏州路上海公栈大火，烧毁货物无数。美亚公司在被毁货品中承担了相当大的保额。公司开办不到五年，"赔不起"的流言开始在交易所、咖啡店、码头、洋行之间飞速地流传。史带在此关键时刻，立即去电美国公司，得到了一张"核准照赔"的回电，旋即召集宴会，遍请客户、掮客与记者。面对这些蜂拥而至的渴望的面孔，史带宣布了一件完全打破全世界保险业行规的决定：在公估行未计算出应赔数目之前，投保户可以在投保额的30%之内，提前支取赔款！全部人愕然，惊叹，继而大佩服、大鼓掌、大宣传。史带的美亚，成了上海滩乃至全中国，最有声誉的保险公司！

史带这方面真是做足了功夫。二十世纪三十年代，别说上海，你走在沪宁杭一带任何一个中等城市，无锡、嘉兴、苏州、镇江……市中心一定有一块红字的双柱广告牌，上面大字写着"美亚保险公司总公司上海外滩十七号"！你走进电影院，每部片子前面都会有一条字幕："如要保险，请到美亚保险公司。"你到美亚去保了险，不出事不要紧，一旦出险，数额又不大，美亚的职员口头承诺你照赔之后，第一件事便是拿出一张打印好的稿子，请你盖一个图章。稿子主要说的是"本人遇险损失惨重幸曾投保美亚出险之后赔款迅速免我忧急特此鸣谢"，盖上图章，赶着送去报馆，晚上就能登出来。

上海保险业公会有决议，同行业者不允许在报纸上做广告。史带就以这种方式扩大影响。还有那些不识字不看报的市民呢？连他们都知道史带和美亚。能不知道吗？史带从美国回来，流言马上就传开了，说史带这次返沪，包了一部专机，除了几名乘客，机上全是美钞！日本人横行淞沪，政府都指不上了，可是美亚总靠得住吧，那么多美元！

"是的，"史带晃了晃手里的苏打加威士忌，"保险业简直就是广告业和新闻业的混合体。客户必须相信我们，代理人必须有例子让客户相信我们。我最欣赏这个，"他用大拇指指指大办公台后墙壁上贴着的一张广告画，"那是美国保险公司的广告，可惜我们在上海不能直接用。"广告画面上，一个人从帝国大厦顶楼失足掉了下来，跌到三楼的保险公司时，保险公司职员已经将填好的人寿保险赔款支票递出了窗外。

他走到窗前，志得意满地挥了挥手："信不信？从这里跳下去，在你摔死在外滩大道之前，你会收到四五张支票！"他哈哈大笑。

也许他说的不错。我们是在上海外滩十七号字林大楼的九层顶楼，史带的住处。如果我真的跳下去，首先会经过八楼的友邦人寿保险公司，再是五楼的四海保险公司、四楼的友邦水火保险公司、三楼的美亚保险公司，最后，我会摔死在底层的友邦银行门前——史带说，他当初创建友邦银行，就是看中了它的英文名"Underwriters Savings Bank for the Far East Inc"，人家一提美亚保险公司的后台，会说那是"U.S.B"，"他们会以为是'花旗银行'（Unite States Bank）"，史带又一次豪放地笑了起来。

他在上海，曾经只拥有一间不到五平方米的"老虎窗"，还是租来的。现在，整座九层的字林大楼，以及里面的所有公司，都是史带王国的一部分。

"我就是远东保险之王。"黄浦江的波光映着夕阳，折射进偌大的办公室里，在史带的额头上形成了明暗的照片效果。

你真的相信，他在越南猎过象吗？

夫妻创业
照相馆北迁四九城

　　一个青年坐在路口的茶馆里。他的眼光一直没离开转角的路口。

　　马路上火辣辣的艳阳照不到他身上，可是脑门上仍然一层细细密密的汗，渐渐汇聚成滴，慢慢滑落。主人却不管它们，让人恨不得替他拭一把。

　　弄堂里转出一个人来，不是。再出来一个，也不是……是了，来了。

　　来人四十多岁，酱紫面皮，大热的天，穿一身机绸裤褂，周吴郑王，却未免有些滑稽。匆匆坐到桌前，还来不及等茶博士送上揩汗的手巾，被青年热切的目光逼迫着，不得不先开口：

　　"大致妥了。你且把心放到肚子里……哦，手巾，开一碗香片……多亏我这张嘴，死人都能把他说活！小伙子，你的媳妇到手了，怎么谢我？……哈哈，在我们家乡，媒人要吃六顿茶饭的……好，我先喝口水，大热天穿这身大衣服……你丈人说，家道穷一点不要紧，人上进才好……你莫急，我就说到正题，你丈人说，先订婚，成亲末，要等你有自己的生意！……你莫发愣，他开出条件来，总归好商量……"

午后的阳光，明亮得有些炫目。

吴建屏是江苏武进人。十六岁来上海，辗转了两年，进了上海最有名的王开照相馆学徒。王开照相馆很大，学生意的常川总有二三十人，有男有女。

吴建屏和女同事何定仪好上了。

丈人要他开自己的生意。人家宝贝女儿一句话就给了你，这点子要求算啥？只是，吴建屏学了两年多，还没正式出师，去哪里寻这笔开店的资本？

正是1937年的秋天。卢沟桥的枪声传来，整个中国都震了一震。虽然隔着近一千公里，南方的军队马上开始了频繁的调动。人人都知道，一场大战不可避免。

吴建屏看准了这个机会。一上前线，生死未卜，谁不想先往家里寄封书信？能夹张照片，再好不过。丘八大多进不起照相馆，进得起，也未必能请准假。吴建屏找了一个当连长的老乡，直接将器材搬进了兵营。

送走了一批兵，又来了一批刚征的新兵，这下更好，花名册、士兵证，新规矩都是要相片的。反正吴建屏跟军需营务的人都混熟了，于是一总包给了他。

等到淞沪抗战打完，吴建屏已经攒到了租房子、买器材的钱，注册金和零星应用怎么办呢？何小姐把祖父留给她的私房钿拿了出来。正好静安寺路八十八号的汇芳照相馆要出盘，索性将它盘过来。新店开张，取名"中国照相馆"，花轿也跟着抬进了门。

上海人知道中国照相馆，是在1939年。那一年，名导演卜万苍应新华公司之邀，拍摄"中国第一部古装战争史诗巨片"《木兰从军》，女主演是来自香港的新星陈云裳。这部戏于1939年春节在上海沪光大戏院连演三个月，场场爆满，转到新光大戏院续演，又是"狂满"达数月之久。人在上海滩，若不知道"陈云裳"三个字，保管被人叫"乡下人"。

吴建屏又看准了一回。他有个小兄弟认得新华电影公司的襄理，托人说合，居然得到了卜万苍的首肯，独家提供《木兰从军》里陈云裳的剧照。这是大生意，中国照相馆一家吃不下，于是又找了亚开首饰公司。三家分工方式是：卜万苍提供相底，中国照相馆负责加工洗印，亚开公司负责纸袋包装。

有意思的是，三家公司各有各的促销方式。

新华电影公司在各大报登广告，只要购买一张《木兰从军》的电影票，就赠送陈云裳的六英寸相片一张。

亚开首饰公司在每个装相片的纸袋上都印了一组六位数的号码，每月在各报上公布三个数字，只要顾客所持纸袋上的号码后三位与之相同，即可获人造金戒指一枚。

中国照相馆则更绝，陈云裳的剧照不下二十张，照相馆的橱窗里轮流摆放，定期更换。顾客上门来，只要手里有跟橱窗里照片相同姿势的剧照，立即附赠一张十二英寸着色相片。

这次联合广告，大获成功。半年之内，陈云裳的各色剧照发行超过五万张。每日都有许多人，专门跑来静安寺路，看中国照相馆橱窗挂的是哪张。这下子，中国照相馆腾传众口，变成上海滩最有名的照相馆，一如当年的王开照相馆。

转眼就是1945年。吴建屏已经去世五年了。这时候，我们才发现，一直担任出纳的老板娘何定仪，竟是那么有决断的人。

日本投降，在沪的日本照相馆几乎全都结业返国。此时上海市面百业萧条，照相的人本来就少。就在这时，何定仪做出了一个极为胆大的决定。

她拿出了所有的周转资金，甚至可能借了一些钱，将日本同业的富士玻璃板和绉纹纸存货全部买下，一时间，中国照相馆的库房都快堆不下了。

和她的亡夫一样，何定仪抓住了商机。中国人照相少没关系，参加亚洲战场的美国海军陆战队陆续在上海登岸。他们刚刚沐浴了战火，在海洋和岛屿之间飘摇几个月，现在来到这个虽然疲惫却风韵犹存的花花世界，手里大把的军饷流水似的往外淌。

每天接待一百多人，每人每份照片印六张，收费五美元。成本之低（日本难民要价很少），利润之高，同行为之咂舌。但艳羡、妒忌有什么用，回到半年前，谁有何老板的胆略搏性？

这笔存货一直支持着中国照相馆，直到公私合营之后，它的营业额仍然超过另外三家大照相馆——光艺、国际、大同的总和。

树大招风。1956年，北京来了一个求援小组。要求上海支援各类民用企业，理发馆呀、洗染店呀、照相馆呀……这些西洋来的玩意儿，北京的水平不高，对首都形象不好。

上海答应给他们三个中型照相馆。带队的王副局长不乐意。"同志，首都的形象多么重要，首都人民多么需要支援，不要保守嘛……我这两天到处转了转，觉得中国照相馆不错，我看，就让它来支援首都建设吧！啊？"

上海能说什么呢？上海的形象也重要？上海人也需要中国照相馆？

1956年7月6日，中国照相馆所有设备、器材，以及骨干人员二十多人，全部迁至北京。

招牌挂得有意思。叫"上海迁京中国照相馆"。"上海迁京"四个字放得比较小，吴、何两位老板的心血，十八年的海上光景，都缩在了这小小四个字里。这四个字，"文化大革命"后才去掉。

听说，挂牌那一天，店里好多人哭了。

日军进京
白老板维持旧商会

大条的红色横幅悬挂在舞台的上方，写着"东北义勇军筹捐义演"。东北流亡学生组织的义演话剧正在上演。这里是西单哈尔飞戏院，北平最大的戏院。我挤在台下，胸前别着"来宾"的红纸条。九月底的旧都，秋老虎还很厉害，加上戏院里人头涌动，台上人泪流满面，台下人汗流满面。

有人在我肩上一拍。回头看，赵老板！他缩回手，艰难地从绸衫口袋里摸出一块大手帕，一面擦额上的汗，一面朝我身边又挤了挤。

"白老板！你听说了吗？今天戏完后，请了人来演讲。"

"是吗？我没听说……来请我的学生没有说……"

赵老板的胖脸上登时浮现出一种暧昧的笑意，大拇指挑了挑，"这主儿可是好久没出来了……"

就在此时，全场突然响起了"中国不能亡"的山呼海啸。我两都吓了一跳。戏结束了。

台上安静下来。她慢慢地走出来，走到台口的麦克风前。

我一眼就认出了她。今年该有靠六十了吧？我头一次见她的时候，这个女人还不满四十。

她开口讲话。那么多年了，已经没有苏州腔，很脆的京片子，人也有了老年的气度。

她说的是庚子年北京城被八个国家的洋兵瓜分，他们烧杀劫掠，无恶不作，尤其是奸淫妇女，搜刮粮食，整个北京水深火热……

没有人不相信她说的话。人们一次又一次被她的话所感染，"九一八！""不做亡国奴！"的口号响彻全场。

台上的这个女人，叫作魏赵灵飞，从前的名字，是赛金花。

庚子那年，我才十三岁。娘不准我到街上去，只听见家里用人议论，东头谁家被抢了，西头哪家铺子死了人。娘在堂屋里跟爹哀叹，白面涨到了一吊多一斤，还常常买不到。

后来市面渐渐安靖下来，京外有些人贪利，偷偷地往城里带粮食。再后来，粮店里也有了货，娘也准我时不常地在门口看看闹热。

街面上纷纷都传说，托福赛金花赛二爷，跟联军总司令瓦德西将军有交情，说好话，再让各国兵营勒束部下，不事侵扰。还有人说，眼见赛二爷骑着高头大洋马，被洋兵簇拥着，从长安街走过。

后来有了一个刘铁云，自己向洋兵买下太仓储粟，开设平粜局。一时间，没饭吃的饥民都去卖脚力，从平粜局倒腾两袋面，到远处贩卖，挣个力钱。

刘铁云日后倒了大霉，国家的粮，是私人可以随意贩卖的吗？充军新疆，死在乌鲁木齐。

八国联军退出北京之后，西城几个大字号的老板来找我爹：白老板，我们几个议了一下，北京城这样不行啊，一旦没了朝廷，没了衙门，好多事没人管，咱们是不是也成立个商会啊？这样，支应地方，调配粮资，都有个管事的不是？

那就成立呗，正好庚子之后，地方上也比较宽松，一来二去，农工商总会就挂了牌。那是光绪三十二年（1906）的事。

天天盼着华北战事和平解决，日本兵还是进了北平城。

之前，大批四乡农民拥入城内避难，商会成立"临时救济会"，收容那些无亲友可投的难民，难民不断增加，大家一直发愁能维持多久。现在不用愁了，救济会被占领军解散了。

他们保留了商会，但他们说"主席"这个词带"党性"，得改掉！只能叫董事、监事……商会也不是从前的商会了，日本商人像潮水一样涌入北京城，他们自有一个管理组织叫"组合"。一切重要物资，都掌握在"组合"手里。布匹、煤炭这些行业都不得不听他们的话。

到处都是白面馆、土膏店，烟贩们吃穿阔气，还成立了"华北土药业公会北京分会"，商会管不着。日本、韩国的浪人，满街逛荡，每到一处铺面，就用生硬的中国话大叫"日中满亲善"，强迫商户购买日本天皇和宣统——不，该叫康德皇帝啦——的照片。不买，他们会恶狠狠地看着你："宪兵队的说话！"

商会头两年还能平粜一些粮食，维持每年十月的粥厂、暖厂。后来也撑不下去了，先是规定"计口售粮"，再就是统一配售"混合面"，色如烟灰，食有异味，吃下去拉不出屎。

我早已经不是商会理事。一大早上起来，在大街上、胡同里转了一大圈，无事可为。绸店没什么货源，全靠有人从天津、上海来，跑单帮带的一点儿小货撑着。买主也少。回到家里，只有满家人口和一锅混合面窝窝。我走到堂屋神主牌前，看着爹的照片：

"您老人家不是说，北京是首善之区，灾不过三月。有了商会，咱们开铺子的，就没有过不去的坎儿了吗？这都五六年了……"我的眼泪，一颗颗掉在砖地上。

1945年初，他们在南苑修机场，让每个商铺都出劳工。我家能出谁呢？凑用些联合票，雇了个化子去顶缸。过两天，说：死了！再出人！

4月，最惨的日子来了，每人每月只能买杂粮面十斤。

8月16日清晨，我走出大门，迎面碰到赵老板，他已经饿得摇摇晃晃，胖脸只剩下一张皮。他还是很高兴地跟我打招呼："白老板！给您道喜！"

"同喜同喜！天终于亮了！"

"不用吃混合面了！"

日本商人都开始甩货准备离开，拿吃的换也行。可是经过八年，谁还剩下什么家底儿？看着满大街的被面、家具、杂物，我忍不住回头看看我家的院门，上面本来有两个大大的铜门钮、铜门环，伪市政府要求商会逼铺户"献铜"。商会老拖着，最后来了几个职员，挨家搜查，连纸烟包里的锡纸都不放过。我的铜门钮、铜门环，去哪儿了呢？

10月20日，北平行辕主任李宗仁从重庆飞抵北平。

11月1日，北平市政府社会局派秘书杨伯明接收商会资产、账簿、卷宗。然后，到各铺户登门，干什么？催缴欠费！你们八年没交会费啦，而今百废待兴，需资孔亟，限于某月某日补齐……

11月8日，我收到通知，凡曾在"旧商会"任过职的人员，均需到商会听训。"我都没干好几年了……""那也得去！"

我走到珠市口西"旧商会"，那所房子的门脸儿已破败不堪。五年前，日本宪兵队要求商会集资买下香厂路新世界游艺场旧址，没有钱，先让银行垫付，每家商铺加收三个月营业税，共计三十万元。房子买下来后，宪兵队说，房子里有"军用物资"，不能交，商会只能担个主名儿。光复后，国民党北平支部在那儿开了"临时国军被服厂",更甭提收房的事儿啦。

一年后,这房子才由商会"收回"。市党部来人说,要给蒋总统庆寿,北平总商会捐点什么呢?捐所学校吧!你们不是有栋房子空着吗?盖了个章,房子变成了献给蒋总统的生日礼物。

我走进旧商会,社会局局长温崇信正等着呢。人到齐,他开始训话:"市商会早应当整理与改组,只是物色人选困难,同时,也给各位一个反省的机会⋯⋯大家自己想想,互相看看,抗战期间,谁是含垢忍辱、委曲求全,谁是甘心附逆、背叛国家!"

听完训话,我们默默地走出商会大门。北面,是几百年来一直屹立的正阳门。我眯着眼睛看着它,不让尘土眯了我的眼睛。赵胖子脸上的肉还没长回来,他朝道旁啐了一口:

"我操你大爷!"

第
三
辑

人间
指南

如果你身处近代，
该怎样生活？
各种层面、各类职业，
给你指南。

庚子年，北京城

一、城破

北京人一觉醒来，北京城已经破了。

"一觉醒来"只是修辞。除了彭家耳聋的老太爷，满北京九城有谁睡得着？自远而近，隆隆炮声响了一天一夜。家家都把门关得死紧，只敢从窗角纸缝里偷偷看天边不灭的红光。入夜后，四周的声响反而大起来。砸门声，叱骂声，打人声，放火声，毕毕剥剥，窗棂很快就被映红了，当妈的死死将孩子按在被窝里，不许哭，大人们屏住的呼吸，在黑暗的空气中清晰可闻。

下半夜，开始过兵。咔咔的皮靴声，刺刀尖噼啪的磨擦声，偶尔一两句大声的呼喝。听不懂，国语（满洲话）？不像。蒙古话？也不像。

那是1900年8月14日。经过一天一夜的攻打，英、德、俄、法、美、日、意、奥等国组成的八国联军两千余人，攻占了中国的首都北京。

> 中国城里的天坛和先农坛已被占领。天坛成为英军营地，先农坛作为美国人的营地，整个中国城在英国和美国士兵的手中。皇城曾被俄国人从东面、美国人从南面攻入。户部被日本人占领。第二天，8月15日，兵部也被占领，同时夺取了朝廷的绸缎库。（《中国和八国联军》下卷第四十二章）

8月16—18日，以复仇和抓捕义和团乱民的名义，八国联军士兵被准许在北京城内公开抢掠三天。"整天都可以见到骡马队从各朝廷的、私人的库房中把银子、粮食和绸缎运到联军营房。常常看到有男女教士们在空置的房子里收集古玩，士兵们自由地各取所爱。"

彭家原籍江苏长洲（苏州），是当地望族。这一支自彭翼仲的祖父彭蕴章起，就定居北京。彭蕴章在咸丰朝曾任武英殿大学士、领班军机大臣。彭翼仲自己生在北京，长大之后，家道中落。庚子之前，家里虽然给他捐了一个通判（六品衔），指省江西。但是他不愿意从政，跟亲戚朋友合作一些开矿、贩货之类的生意。

1898年，戊戌变法时期，强学会成立，"举国若狂"，有人劝彭翼仲也加入，他却觉得自己不够资格，他从心底是赞成变法的，"迨四卿参预新政，朝旨奋发，雷厉风行，精神为之一振。设使阻力不生，则国家之进步安可限量，且庚子之乱，亦何由而起？"（《彭翼仲五十年历史（上）》，下同）。

彭翼仲从一开始就反对闹什么义和团！他走南闯北，见过世面。那都是借机生事的乱民！西太后放拳民进了北京，义和团火烧大栅栏四十二家当铺，火光照亮了半个北京城。义和团大师兄要借彭家设坛，彭翼仲拒绝了。半夜，一支火把扔在彭家凉棚上，幸好彭家有从天津带回来的两具灭火专用的"激筒"，不然，这个家早没了。

如今，皇上、皇太后弃城而走，北京变成了洋人的天下。六百年来，这是头一遭——咸丰十年八月，皇上也跑到热河去了，但英法联军并没能进九城！城破之前，皇上、皇太后口口声声说要"死社稷"！哪怕像崇祯皇帝那样吊死呢？也算给老百姓暖暖心。

两宫走后，"京内大乱，白昼抢劫，杀人放火，无所不为"，在彭翼仲看来，这都是义和团乱民干的好事，"洋兵入城后，义和团全然消灭"。他反而松了口气。

二、被抢

八国联军进了北京，九城被划成了八个分治区域。彭家所在的粉房琉璃街，在美国军队辖区范围内。

户户闭门，家家龟守。那些支持、附和过义和团的人家，早早儿在门首挂上了花里胡哨的美国旗。好一个顺民哪！半个月前，是谁在大街上叫嚷"不信神团，老祖降祸，叫你们一个个都家破人亡"的？

只有彭家不关院门，照常进出，任由洋兵往来于门前。彭翼仲觉得文明国的士兵，是不会抢劫平民的。

据《中国和八国联军》一书记载，发生在北京的抢劫，比在天津的规模要小一些，"最好的东西已被义和拳和清兵抢走了"。这本书说，外国占领军并不像有些故事里说的那样，恣意杀害平民，反而制造了许多"玩笑"：

> 美国小伙子们都是恶作剧的能手。正阳门外中国城西边归他们保护，在我们进城几天之后，中国人开始回家，他们恳求士兵们为他们写些告示，贴在他们房屋前门上以防抢劫。一位士兵用大个字体写道："美国小伙子们，这儿有大批威士忌和烟草。"每个路过此门的士兵都用脚踢开门，索要抽的和喝的。

有些中国人趁机发国难财，自称跟占领军很熟，向北京居民兜售小幅外国国旗和"生命保证书"，赚了好几千元。

占领军一般抓到抢劫的中国人，会将他们枪决。但军官们发现有时情况不像表面上那样："在（枪决前）最后一分钟发现，原来是几个美国兵强迫他们指出哪间屋子里可以弄到好东西。美国兵动手抢，而迫令华人放哨。当德国巡逻队到那儿时，美国人藏了起来，而华人被逮住押送到我这里来了。"（《俄国在远东》第十九章）

彭翼仲竟错了。七月二十四午后，大雨骤至。彭家的家人正要关院门，皮靴声踏着水洼的响声，进来了四名美国兵。

他们比比画画，似乎要避雨，又指着天空，好像要什么东西。彭翼仲的小儿子在檐前玩水，此时大概吓呆了，一动也不动。也没有人想起来去抱他。

彭家人半天才明白，他们要水洗脸。洗完脸后，一个美国兵摸出一块生银、一包碎银，想塞给还在檐下呆看的彭家小儿。这时老妈子才反应过来，上去推开美国兵的银子，匆匆将小儿抱进了屋。

美国兵挥舞着手里的银子，直喊"突打拉！突打拉！"。什么意思？一家人的眼睛都望向彭翼仲。他不得不出面了，从衣袋里摸出两块银圆，走过去递给美国兵，一面向家人解释：他是想用他的碎银换咱的银圆哩。

谁知美国兵一见银圆，脸色立变，大声呼喝了几句。一个兵留在门口，三个兵冲进了堂屋。

彭家的箱橱、柜笼，哪一处不被他们翻到？他们并不理会一边呆立的主人们。见到女眷，还脱帽行个礼，又趋前握手。几位奶奶羞得不行，又不敢不握。

美国兵取走了所有的首饰、时表。步声渐渐远去。霍四关了门。一家人或立或坐，一时都说不出话来，只听着檐前的雨声，又大又密，终于也小下来了。彭翼仲勉强振作了一下，强笑着道：

"大伙儿都歇歇吧。想开些，咱们这就算是亡了国了，有什么还是自己的？……要是咱们的旗兵、拳民占了人家的京城，大家想想，那是什么情形？没伤着人，咱就念佛吧。"

洋兵又来过两次。头一次是胡乱抄掠了一通，用枪刺逼在彭翼仲胸前，要"打拉"。彭翼仲闭上眼睛，准备死了。洋兵见他不怕死，反倒撤了。第二次是在半个月后，几名美国兵半夜破门而入，到处搜抢财物。彭翼仲正在灯下记账，钱箱被一个美国兵抱起来就跑。这下他也就横了心，权当上次已被洋兵打死，一把抓住其中一个，猛力夺他手中的钱箱，哗啦一声，银圆散了满地。彭翼仲紧紧抓住洋兵衣服不放，一手在炕上摸索刀剪，准备剪下衣角做证据。他听朋友说，只要有证据，可以去美国兵营里控告士兵的不法行为。这些洋兵只敢半夜来抢，说明他们也心虚。

洋兵回肘一拳，正中彭翼仲的左眼。彭翼仲吃痛，手一松，洋兵逃走了。虽然没留下证据，彭翼仲第二天还是去了美国兵营。这一带被美国兵抢劫的人家不在少数，但谁敢去告啊？街坊在背后议论说，只有彭家二小子，念过书，做过官，八成还入过洋教，才敢去跟洋人打这种交道哪。

不料这一状竟告准了，美国领兵官戴理孙当天贴出告示，要求当地商民每户预备胭脂水，掺上煤油，如有兵丁入户抢掠，就用这种胭脂水洒在他们衣服上，兵营里自然会查办他们。这张告示贴出去后，再没听说附近有洋兵扰害商民的事情发生。街坊们都很感念彭翼仲。

三、度日

在北京投降后不久，北京很少见到中国人。简直是脏得难以形容，也许好几个世纪以来都差不多。街道上布满了中国人的尸体，都程度不同的腐烂了，成为狗、猪、飞鸟的食物……混乱与抢劫主宰着一切。(《美军在华解围远征记》第二十三章，下同)

美国人组织队伍掩埋尸体，打扫街道，也向居民分发一些粮食，再严惩那些敢于随地便溺和倒马桶的居民（北京人几百年都是那样生活的）。

严惩了一两个典型之后人们变得驯服了，秩序恢复，也比较清洁了。这一地区的居民立刻都回来了，还有好些别的地方的人；商业也在恢复中，不到一个月，大街两旁就有了各种各样的买卖。可是在三十英尺以外的街那边，是德军占领地区，那儿却空无一人。

北京被划成了不同的占领区域，不同国家占领军的行为，让不同区域的北京居民对"西方""文明"这些概念的想象有所不同。德国占领区口碑最差，日本占领区则最为整饬，"其中以德兵为最横，天甫黑，彼等即从事于劫掠……日本地段最为安静，有条理，铺店已有开市者"（普特南·威尔《庚子使馆被围记》）。

彭翼仲敢跟洋兵撕掳，不是他要钱不要命，实在也是过不下去了。未闹义和团的时候，每斤白面只要当十钱四百文，现在呢，要八百。听说，西北城旗人聚居区已经涨到了一吊多！

彭家遭劫之后，也剩不下什么了，一大家子等着吃饭。怎么办？彭翼仲并没有六品官的架子，他给各家送过水，每天拉一架大车，走街串巷。后来借了朋友一笔钱，在果子巷开了个挂货摊子，主要贩卖皮衣皮帽，捎带着南北杂货。

那天从巷子南口走过来一个人。走近了摊，一言不发地看货。彭翼仲仔细看看，这不是肃王爷？平日价哪天不是前呼后拥十几号人？大轿子抬着？今天也落了单，还步行。认是认出来了，他不敢打招呼，怕人家面子上挂不住。

肃王爷倒没什么，兴许这两个月习惯了。看了一会子，问了问洋瓷茶碗的价钱，走了。

彭翼仲回头对伙计说："洋兵进城，有没有好处？头一件，高低贵贱都没了，大家都是平头百姓！"有一位翰林，"平日甚为人礼敬，今则卖糕为生，此事亦不足奇，在今日固甚多矣"（《庚子使馆被围记》）。

挂货摊子不挣钱。彭翼仲发现隔壁有家磨房，已经关了张。白面这么贵，还供应不上。他决定租了这间磨房，开面店。果然，开店之后，生意奇好，西北城的难民都来贩面。那天来了一位，几乎是打地下爬着来的。彭翼仲给他相了半天面，认出来了："这不是吴大人吗?！"

吴大人是由江宁织造选派来京办理老佛爷衣饰的，就住在西什库教堂后面。彭翼仲因为同乡的关系见过一面，觉得此人倨傲得很。谁知城一破，联军记得围攻西什库教堂的仇，将附近街道屠掠一空。吴大人在死尸堆里过了好几天，又到城门洞下与难民乞丐为伍。这时已经快饿死了，听说彭翼仲开面店，赶紧爬过来投奔。

彭翼仲让他在家休养了几天，借他一匹老骡，每天驮上几十斤面，牵到西安门内，卖给难民，就便自己糊口。《辛丑条约》签订后，吴大人回了南方，又当了他的富翁。听同乡来人说，他在家里设了佛堂，每天高诵佛口，祝彭翼仲彭恩公长生不老。

彭翼仲那时已经办了蒙养学堂，不教"三百千"和"四书"，只讲些历史、地理和光电化学，听到这种情形，大摇其头："他不想想，庚子拳乱是怎么闹起来的！还不是拜佛设坛！他还每日念佛，愚不可及！愚不可及！"

四、劫后

从1900年8月14日城破，到1901年8月15日八国联军除留护使馆者外均撤走。整整一年时间，北京市民过着无异于殖民地的日子。在屈辱与恐慌、饥馑之外，他们也慢慢改变着几百年来对外国人"蔑视与憎恶"的心理。

三天之后整个城市都插满了印着红色圆盘的小旗，无数房门上都出现了"大日本帝国顺民"的字样。有一段时间经常可以看到手拿小旗的中国人，旗帜的上半部分是空白的，下半部分写着"顺民"，根据个人情况把具体国家的名称填进去……街头碰见十个人，八个手里都会拿着各国国旗……一座不久前还是义和团总部的庙宇门前现在已经刻上了"上帝基督民"的字样。街巷的剩余部分也插满了请愿的标语——"官老爷留情，我等顺民"。

不久之前外国人在这座城市里还饱受枪炮横扫之苦，现在这里随处可见汉语告示牌，上面写着学习英、法、俄、日等外语的地点。紫禁城入口外墙上挂着巨大的手写条幅，上面写着"Y.M.C.A读写咖啡室"。西使馆路上也有醒目的标语——"工坊包办所有铁器"。法语和德语的广告满街都是，南城充满了各种主要欧洲语言以及日语的广告，从剃头铺前面的三色柱到天坛门前火车站里口气强硬的告示——"非公勿入"。

（《动乱中的中国》第二十八章）

过了三四年，彭翼仲念及民智不开，才会野蛮排外。为了教育民众，让庚子变乱不再重现北京，也为了让中国人有说话的权利，他和妹夫杭辛斋、好友梁济等人办起了《京话日报》。

有一日彭翼仲坐车回家，在东交民巷口，远远看见两个德国兵赶车运货回营，嫌前面的一辆人力车太慢，跳下来就打，打车夫，也打坐在上面的老者。彭翼仲大怒，立即叫洋车跟着德国兵车，可惜一路上两个德国兵都不曾回头，就进了兵营。彭翼仲只得与德国兵营守卫对了对表，记住是午后两点十分。

第二天，彭翼仲将此事写成文章，痛斥德兵无理，并警告德国兵营应该惩罚打人者，刊在《京话日报》上。第三天，外务部请他去。

外务部说，德国公使来函，要求《京话日报》指认打人者，不然就算诬告。外务部要《京话日报》自己了结此事。

彭翼仲已经不是当年去告美国兵的彭翼仲了。他没有再去德国兵营，只是在报上作答说，自己没有看清那两个兵的面貌，但出事时间地点如此明确，军营规章严明，难道找不出凶手吗？据说德国兵营居然认真追查，惩处了打人士兵。

1904年12月28日，《京话日报》刊出《敬贺各国新年并预告各国使馆卫队的长官》，希望各国使馆在西历新年期间管束士兵，不要骚扰中国百姓。两个星期后，有读者来信，赞扬《京话日报》的舆论力量，新年期间，果然没有洋兵进入华界生事。

一时间，彭翼仲被人骂"汉奸"、骂"洋报"的委屈，似乎都烟消云散了。

看报咪！看报咪！

西城开了个阅报处。

北京有自己的报纸，还不过是这两三年的事。庚子以后，也见过一些北京出的"报"，什么《京话报》《白话学报》，十天一礼拜出一份，也没听见个响儿，就没了。倒是有张日报——《顺天时报》，日本人办的，专替日本人说话，日本人的店，高丽人的店，有卖，谁也不去买它。有智识的人拿它当外国报纸，没智识的人也叫它"洋报"——看洋报，万一义和老团杀回来，要砍头的！

南省的报纸，也能在北京看见几种，像如上海的《中外日报》《新闻报》《申报》《时报》，天津的《大公报》《日日新闻报》。这些报纸，琉璃厂或东安市场的书店代办寄卖，但只在官场和学堂之中流传，老板唉声叹气，说总销量不会超过两千张。

所以去年七月六日，头一回见着那张叫《京话日报》的报，还真是心头一喜：北京总算有自己的日报啦！——有朋友说，还有一张《北京日报》，一打听，是德国人出钱办的，那不算。

《京话日报》主人彭翼仲在头版的"演说"里问：为什么北京人不读报哇？两条原因："第一是各报的文理太深，字眼儿浅的人看不了；第二是卖的价钱太大，度日艰难的人买不起。"《京话日报》的对策是：（一）用白话做报；（二）每份报只收三个当十大钱。就俩烤白薯的钱，你还舍不得吗？

可是，烤白薯能医肚饿，报纸能用来干什么？老百姓靠着口耳相传，也对付着过了千百年。雍正爷那时起，指定各乡父老，逢五逢十在集上讲《圣谕广训》，有几人知道他们在讲啥？唯一需要识字人讲解一番的，只有官府的告示，什么案子又犯了，又在通缉哪名江洋大盗，钱粮多发或减发，租税增派若干，似乎一条街上有那么几位大学问，也就满够。

《京话日报》虽然拿白话做，又卖得贱，没人关照也是白搭。听说，彭翼仲，这位做过地产、煤矿生意的候补六品通判，为这张报纸，赔累不少。年前他在《大公报》上登告白，要把自己住的房子卖了填窟窿，还说年下被债主逼到门口，差点儿抹了脖子！茶馆里说起这些，老客们直摇头：为办份儿报把身家性命搭上，这可不是买卖！

——最近彭翼仲在报上说，其实报纸销得不算差，到年底下，也有约莫四千份，比其他所有报纸的总销量还强呢。但就一条，京话日报馆自己派送的报纸、长期订阅的报，这好办，先收纸后送报，糟糕的是稍微远点，你得委托京报房吧？"没有门房的小费，所以争不过京报房啊，京报房经手送的，可就难说了，层层受制，一言难尽"，彭翼仲吁吁愿意看报的主顾："无论城内城外，本馆都愿意自己送，分文不能多取，但图一个爽快！如今我们就受了这个伤，阅报的早付过了价，那里知道，我们还没有到手呢……如愿叫本馆自己送，务必详细写明地址，或专人，或邮递，都无不可，千万别交给送报的人。"

即便如此，小老百姓，他也还没有看报的想法。京城内外，那些有智识的，又喜欢看《京话日报》的人，就想着怎么能让小老百姓先试着看看报，不要钱，跟买黄瓜似的，先掐一块尝尝。不能让报馆送，那赔累起不起。能不能办个阅报处呢？听说前两年上海文明书局的北京分局在厂甸办过一家，规模不大，很快就收了，能不能再办起来呢？

这西城阅报处，是头一家。挑头的人，听说是一位刑部的司官，姓黄，叫黄琮，他带头认捐，同事朋友里你五两、我八两，在西斜街赁了处房子，三开间，挂上牌子，就算成立了。关键是，你得广而告之，让人知道有这么回事。他们不但在报上登了告白，还雇了一批闲汉到处张贴传单，传单上三个大字"请看报"，下面是地址、开放时段。西城阅报处订了十几种报，文言、白话的都有。

这是桩新鲜事，三月的京师天气，正是风和日丽的当儿，好些人看见、听说了，出门遛弯办事探亲友，都去西斜街看看景儿。他们说，正房里还供着一张纸，是学部尚书张野秋张大人提倡阅报处的手令。为此《京话日报》还发议论说：凡这等的事，非有权力的人提倡不起，由下边苦苦地劝，不如上边一句话。彭翼仲还慷慨地表态："或说阅报处捐报，人人都去看，你们的报，谁还来买呢。我对他说，别处我不管，单说我的报馆，宁可赔累死了一个我，不愿意因为惜小费，少出许多的明白人。"

西城阅报处开办十天后，又出了桩新鲜事：一位叫刘瀛东的湘学堂英文教习捐了三十份《京话日报》，张贴于西城各大街路口，这比阅报处招来的人更多。有的人可就犯嘀咕：这人是干吗的？为嘛呢？是不是《京话日报》的托儿呀？好像是为了回答这些嘀咕，《京话日报》登了刘瀛东的来稿《沿街贴报》。

刘瀛东说，他是广东人，在北京当英文教习七八年了。这些年见了不少事，深感都是因为民智不开，"咱们要是明白了外洋情形，二十六年的乱子，断断的也闹不出来"。为什么要捐《京话日报》？他说是因为"他的报很有血性，人人全都看得懂，内中更有一层苦情，我刘瀛东家里很穷，别的报实在贴不起，这回捐贴本报三十分，报馆的彭翼仲，明白这是为大家伙儿的益处，让了我多少便宜"。要说这回事是假的，或者彭翼仲使出来的，刘大声驳斥："请你们去我学堂里，问那些同学，问我的同事，我贴报的第一天，是不是都是自己掏钱买的，跟彭先生见过面没有，再去找广东老乡们打听打听，有我这个人没有！"

最后，他抱怨说，报纸贴在路口之后，"买卖家刷报单的，不知什么事，当不当，正不正，常把报单贴在我们的报上，实在是不合公理，打算求求地面官，交派交派五城练勇，替我照护照护"。

有人前头走，就有人后头跟，没几天，安定门大街上也有人贴出了《京话日报》，看的人也是乌泱乌泱的。你说是瞧新鲜？瞧新鲜也是好的。连天津《大公报》都说，这么做，"不失为开民智之善法"。而且困扰刘瀛东的问题，也有人想出了解决办法。一位叫马维清的士绅，大概是教门的，不仅捐报，而且"自置木牌一具"，让人举着，变成一个移动贴报栏。这倒不错，京津两地，跟着效仿的人不少。

这样，你走在北京的大街上，时不常会看见一堆一堆的人围在街口，或是跟着一个举着木牌的人，走来走去。有人要求：哪位念一念？就有人拉长声开始念——反正报上用的是白话，方便得很。

上海有位办报的志士，来到北京，看见拉洋车的、挑货担的、卖果菜的，都站在人街上看报、念报，他简直不能相信自己的眼睛：在华洋杂处的上海，看报，也只是官员、绅商、学生的事体呀，北京不是比上海要落后一百年吗？（孙宝瑄《忘山庐日记》）哪能？嚄嚄，忒煞怪哉！

译学馆小风波

　　这是一件发生在传媒还很不发达、官民都还没养成看报习惯时的小事。让我们用中央电视台《走近科学》的调子来开始这次叙述。

　　瞿宣治是一名普通的学生。他出生在北京南城，汉族。父亲是一家绸缎铺的伙计。身为独子的瞿宣治从小没有被送去学徒，他的父亲让他进了私塾念书，希望借此改换门庭。

　　十六岁的时候，瞿宣治参加了第一次顺天府试，不中。一年后，他选择了报考当时大户人家子弟不太瞧得上的译学馆，成了一名未来的"通事"。

　　译学馆的生活是平静而枯燥的。瞿宣治像所有同学一样，早晚四堂课，每月两天假。他的功课不好也不坏，留给教习们的印象也不算深刻。

　　不料，一件小事，让他成了学校里最引人注目的人。

　　光绪三十年（1904）十二月下旬的一天，瞿宣治涨红着脸来到训导处。他用颤抖的声音说，他的讲义册上被人写上了三个大字。紧接着的两节课，同学没有在教室里看到瞿宣治的身影。晚膳的时候，他也没有出现。而督学办公的房间，也一直紧闭着。

究竟是三个什么样的大字，引起瞿宣治这么大的愤怒和校方高度的关注呢？

同学们窃窃私语，议论纷纷。他们说，出现这种不寻常的情形，一定是了不得的大事。他们揣测，到底是哪三个字有这么大的威力。

渐渐就有流言说，那三个字不是别的，正是"革命党"！眼下南方革命党闹得正凶，译学馆的学生对此也有所耳闻，他们当中甚至有人看过上海革命党办的《苏报》，上面说，要把满洲人杀光，赶走，光复汉人江山。

听到的人都倾向于相信这个流言。瞿宣治不就是汉人吗？听说他的老家就在湖南，湖南籍的革命党人，可不在少数！

大栅栏和陶然亭的茶客们，听说这个消息，都大摇其头。学生，唏！那能有什么好儿？前两天，不是有个学生，架洋眼镜，穿蓝布长褂，到某部郎家，骗了十两银子吗？洋报上登的，错不了！

敢情！京师大学堂总教习，日本人，服部宇之吉，官有翰林那么大吧？前儿个不也训学生，要他们戒怠戒惰，好自为之吗？瞧瞧，连日本人都训他们……

京城的媒体很快做出了反应。发行还不到一个月的《中华报》于事发第三天登出了这则新闻。"编者按"说明这是根据投稿摘登的。而新闻里也没有说明那"三个字"是哪三个字。

事情越闹越大了。三天之内，学部尚书、侍郎、司官、步兵统领等人的府上，都收到了匿名揭帖，上面说，瞿宣治是南方革命党派来潜入京畿的奸细，他已经在译学馆内建立了一个组织，密谋新年之后在北京举事。

译学馆的督学坐不住了，他赶往学部堂官府上，向各位大人解释此事。然而流言并没有平息的意思，反而愈来愈炽。瞿宣治受不住压力，已经休学回家了。而流言说，革命党已经发展了一两位学部的高官，此事极有可能酿成大案，牵连的官员品级、数量都会超越名动一时的"杨乃武奸情杀夫案"。

又过了一天，《中华报》登出了一则译学馆来函声明：

> 本馆学生瞿宣治讲义册被人大书三字，前日见报时未曾注明。外间演言有谓系革命字样，并有人臆造匿名揭帖无端诬陷分送显要达官。

声明说，这种流言完全是无稽之谈。如今译学馆本着对本馆负责、对瞿生负责、对大清国负责的精神，公开讲义册上的三个字。但因字眼不雅，故只好用"反切"的方法标明："其字为迈艾切，皮意切，古五切。"

"反切"这种拼音方式现在不大有人知道了。在当时，几乎是读过书的人的通识。很多年之后，我在图书馆里翻阅旧报，看到光绪三十一年十二月初一（1905年1月6日）的这份《中华报》，忍不住莞尔。

这不就是"卖屁股"三个字吗？译学馆里，师生全系男性，清朝官员又素有玩相公的风气，唔……（我这样想，当年阅报的民众也一定这么想。）

段子就是这样，不是政治，就是色情。至于流言所指，卖给谁，为什么卖，当然不会有后续的报道。

天津来的小警察

我是天津卫人，就在海河边上长大。庚子那年，闹义和团，我十八岁，洋兵攻陷了大沽口，全城一片火海，打家劫舍的数不清。

辛丑以后，换了直隶总督。新的总督姓袁，他任命了一位赵总监，让他办巡警。我左右在家吃闲饭，就报名当了差。上岗那日，赵总监给我们训话，他说：办好巡警，让人人守法，就闹不成义和团，咱中国就不用年年向洋人交银子了。

听说天津巡警办得好，太后老佛爷都知道，调赵总监进京当差，他特地禀明袁大帅，把咱们几百号弟兄都带了进京，也让天津巡警长长脸。

我分到五道庙。这地方原本荒僻，近年添了不少住户，可街道一年比一年烂，有时候下雨，马车洋车陷在道旁，得几匹骡子才拉得出来，路边的大坑还淹死过谁家的孩子。可算有家报馆挑头儿，出大份子，老百姓凑钱，要好好修修这条路。

修路期间，一切车辆不得通行。我和几个兄弟轮班站在南北街口值岗。

挺晚的天儿，又冷，站在风口真不是个事儿……昨儿下过雨，一踩一脚泥，路人都在骂骂咧咧……再有一个时辰，我就下班了，得到胡同口大酒缸喝个几盅，祛祛寒气。

一辆马车打转角驶了过来，并没有停的意思。

"停车！不知道这儿不让过车吗？"

马夫勒住马，看看我："这是报馆的彭老爷……"

"谁也不成！"在天津卫，达官爷我见得还少了？吓唬谁呢？

轿车帘子掀了起来，露出一张薄脸："这位兄弟，我知道这条街不让走车，可是我今儿个去拜客，穿的是礼服，地下那么脏……我就住在前边的京话日报馆里，几步就到，请你放行。"

我固执地摇摇头。赵总监说过，好巡警六亲不认。穿礼服就让走，老百姓的破衣服就该溅泥？

那人有些恼了："你……这条街是我出钱修的，你知不知道？今天偶然走一次，想来也没什么不行！"

我才吃了一惊：他就是彭先生？街上老少爷们儿说起他来，个个挑拇指，夸一声"仁义"。他办的《京话日报》，街边阅报栏就有，我也常瞄几眼，上面常有穷哥们儿的投稿，都不收钱。这要搁平日，我一准儿上去恭恭敬敬请个安。不过今儿不行，他犯了条例！

我举手敬了个礼，嘛也没说，就是拦着马头不走开。

车中人叹了口气，撩开帘子下了车，马车勒转头，他自个儿深一脚浅一脚地往前走。说真的，我挺不落忍的，想找补句什么，没说出口。

第二天上岗，东头开茶馆的王大爷正在阅报栏看报呢，一见我就嚷嚷："柱子！昨儿晚上是你当班吧？上报啦！"

彭先生在《京话日报》的头版用白话详细记述了昨晚的事，末了说："是我不对，赶紧下车。我还得把那巡警好好夸一顿……向闻天津警察，办理大有名誉，巡警最关紧要，不可视为儿戏。"题目就叫《巡警尽职》。

王大爷冲着我乐："柱子，你得意啊！"我抿抿嘴，心里盘算着，也花三个铜子买份报，下次休假带回天津去，给我娘瞅瞅。

你好，1905年

我站在1905年——光绪三十一年——的开端。

我不是朝廷大员，也不是学界闻人，我只是一名生于南方、在北京生活了十多年的知识分子。我了解的中国，来自精英杂志，来自大众报纸，也来自街市的流言。

我每日晨起，漱口，方便，洗净手脸，让家里的老妈子帮我打好辫子，穿上一统江山的棉袍，然后踱出大门，到胡同口的茶馆，叫一碗烂肉面、一笼包子、一壶龙井（我喝不惯双窨香片），听茶客们谈大天，讲段子，骂娘。

茶馆里新设了阅报处，有免费的七八种报纸，翻阅的人也不多。墙上贴着一位刘先生捐的《京话日报》，用京话做文章，易懂，早上总有些茶客围着念上几段，点评一番。我不去凑热闹，家里也订了！可是我爱听听茶客们说些什么。有时候《京话日报》上也会登出一篇茶馆里听来的言论，惹得我不时东张西望，看看有没有报馆的访员躲在哪个角落。

家里订了《京话日报》，也订了上海的几份报刊，都是按月给我寄，没敢订《申报》或《新闻报》，日报晚上三四天，没法儿看！《大公报》只差一天，有大事发生的时候，我也打发人上街去买一份，看看天津的动向。有时北京的事儿，倒是天津报纸论得清楚。

还有一份"本京"报纸《顺天时报》，大家都叫"洋报"，听说报馆是日本人的股份。这报纸虽是用中文办，主顾多是在京的日本、高丽侨民，报端印着西洋年号、大清年号，还有日本年号"明治"，一般不在街上卖，中国人也不买。

1904年末的杂志上，赫然有着《光绪三十年中国事纪》。正好看看。1905年，是在怎样的一个环境下生长，承接着怎样的一份遗产。

光绪三十年。

日俄战争贯穿全年。正月，日俄正式在中国东北开战，很快朝廷就颁布了"中立条规"，划辽河以东为战区，俄国要求中国军队保护中东铁路，被奉天将军增祺拒绝。但战争的气氛不只在东北弥漫。正月初四，日舰"秋津洲"驶入吴淞口，逼得俄舰"满洲号"离港，自此陆续有日舰驶向东海各港口，日俄战争有向南方蔓延之势。初五是各国公使觐见皇上、太后的日子，唯独俄国公使称病不至。

直隶总督袁世凯于二月上书，要求与俄国开战，朝廷不允，但俄国已经很紧张，诘问我国为什么派兵出关；袁世凯转而要求按照列国惯例，设立红十字会，救助东北难民。这次朝廷同意了，太后还捐了十万两银子。不知是不是受日俄战事的刺激，法、俄、英、比四国出使大臣联名奏请变法，以"激励人心，植立国本"。七月，日俄辽阳大战，俄军败退，这场战争胜负端倪已露。之前日本政府照会我国，称盖平、金州一带已被日军"夺还"，要求中国派兵接管——中国何来这个实力？不过空头人情。

三月，北京人的目光被一件"反腐案"吸引：御史蒋式瑆奏庆亲王奕劻授军机大臣以来，门庭若市，奢侈异常，其私产一百二十万两存于汇丰银行。蒋御史并非要求查办奕劻，而是希望朝廷命其将汇丰存款提出存入新设的户部银行。朝廷派员往汇丰查实存款，被汇丰以客户保密为由拒绝，于是朝廷责怪蒋式瑆奏参不实，发回原衙门行走。

《苏报》案于四月由上海会审公所与上海知县审结，判处章炳麟监禁三年、邹容监禁两年，罪名有"侮辱元首""私藏军械"等等。舆论的哗然是可以想象的，以言论入罪，不是一个文明国的应有之例。或许与此有关，刑部在五月提出增设"罚款赎罪"的报律。七月，北京有了第一份"真正华资、真正京话"的报纸《京话日报》。

五月八日，朝廷解除了戊戌党禁，只有康有为、梁启超、孙文不予赦免，而一代帝师、前军机大臣翁同龢于是月二十日在常熟去世，这两件事似乎为戊戌之变画上了一个休止符。在六月照例的新进士授职之后，朝廷发出了另一个让人稍稍振奋的谕令：日后宗室、满蒙人员充当御史者，也须像汉人那样考试选取。

国事蜩螗，大多数人都由愤怒入于麻木，而地方的改良也不容乐观。二月广州全市罢市，据说是"拟行统捐"所致，但商部立新法的步伐并未受阻，他们奏设商标局，议行印花税，还聘请办厂有成的状元公张謇为商部头等顾问官。七月无锡地方官以办学堂为借口，向商家抽捐，引起公愤，民众捣毁学堂，举行罢市，地方教育事业大受窒滞。

北京人身边的生活一点点地变化。八月，广东人周荣曜呈请承办北京的电灯业，商部批了"议行"，或许光亮的夜晚已经不远。袁世凯积极得很，三天两头上奏折，他奏请鼓励京津地区铺设电话，电话材料免税，这个要求很快被批准——庚子一役，朝廷很吃了些消息不灵的苦头。十月，京津电话线架设成功。

光绪三十年，留给三十一年的未了之事还很多。乙巳年，还有什么将被改变、将被记取？

上海杀人案，会引发战争吗？

　　雪白的锋刃划破凝结的寒气，砍了个空，余势不衰，向外直荡出去，斧头遇上肉与骨，一声钝响，一朵散漫的血花，人群的喊声顿然渺远，冬日的外滩码头陷入黑暗。

　　1904年的日俄大海战，东乡平八郎打得俄国佬丢盔曳甲，俄国海军有艘铁甲巡洋舰，叫"亚斯古尔特号"，一气跑到上海港，要求中国当局庇护。上海衙门解除了他们的军械，准其停在浦东，但规定舰上官兵不得随意离开浦东。可是俄国兵不听管束，上年十一月初九，两个俄国水手，一个叫亚齐夫，一个叫地亚克，在浦东喝得大醉，偷乘东洋车到了外滩，又不肯付车钱，与车夫争吵，追打车夫。船码头上散放着一些木匠工具，亚齐夫随手抄起一把斧头，胡乱挥舞，当场砍倒了一个过路人。

　　死的人叫周胜友，也有说叫周生有的，是宁波人，被砍得脑壳破裂，送到仁济医院时就已气绝。两名俄国兵被巡捕绑送俄国总领事馆。

叵耐那俄国总领事阔雷明，竟然全无处置，将两人交回军舰了事。上海道台袁树勋照会俄国总领事馆，要求交出凶犯审讯，阔雷明说是"事出意外，实属误伤"，拒绝答复。列位，他俄国巡洋舰来沪时，两国言明如果俄兵在滞留期间肇事，须交中国衙门审讯，如今居然拒不交人，真真岂有此理。

上海衙门还在交涉，这边厢恼了宁波帮。宁波人组成的"四明公所"，那在上海诸同乡会里是顶呱呱、一等一的团体。宁波人派出十名代表，与上海道台、俄国总领事馆以及"领袖领事"德国总领事克纳贝交涉。但俄国人和德国人都不同意中国方面提出的华俄会审，俄国总领事很快自行宣判：杀人的亚齐夫罚回俄国做四年苦工，地亚克免罪。

不只是宁波人，整个上海都被激怒了。在漫天的传单与哭喊声里，上海各省商董举行集会，一面电禀外务部、南洋大臣，要求据理力争，一面知会上海领袖领事、公共租界工部局与法租界公董局，声明"人心不平"，同时号召各界停用俄国钞票，以示抗议。

这件案子闹了两个月，开了年，还没平息。正月初十，我翻开《京话日报》，看见补记腊月廿八盛宣怀与阔雷明的交涉。那报上说道：

> 盛宫保当面争论了许久，要照监禁八年定罪。俄领事说，论起案情，监禁四年，罚作苦工，夺去自由的权

利，实在办到极处，并不算轻。彼此再三驳辩，俄领事又答应了一层，除在上海监禁不算，等日俄战局完结，解回本国监禁，从做苦工的日子算起，扣足四年为止，并说夺去自由权，是把他的事业籍贯，一概革除，绝了他的生路，终身不能享丝毫利益。盛宫保关着无数宁波人的面子，还是不肯答应，要把全案文卷，咨送驻俄钦差，自俄外部力争，若不认我国是保护他们兵船的国，此案断不能了结。

如此说来，周胜友的命案，一是关乎宁波人的面子，二是关乎我大清国的面子。俄兵是战败之师，托庇我国，居然敢行凶伤人，确实让人隐忍不得。日俄在东北开战，中国人脸面丢尽，不是一天两天，这次借着一桩刑事案，当然要尽情发泄一通。只是俄国人在中国跋扈日久，不会轻易服软，只怕还要借机吵闹。

二月号的《东方杂志》转录了《时报》的一篇社论《论今日宜预筹对待俄人之法》。社论说，俄总领事办周胜友案，明显是在"故意抑压中国人"，然后向各国宣告，说中国不守中立条约，以此向上海衙门恫吓。作者经过多日观察，得出了一个骇人的结论。

作社论的这位先生说：俄国此次战败，很不甘心，于是打算转而挑衅中国，想激起中俄战争——老子打不过日本，还打不过老大中国吗？待到战胜中国，就用中国的赔款赔偿日本的军费，再逼中国割地，来弥补他们在东北损失的旅顺！哦哟，俄国好生险毒，我们不能不早做筹谋。

如果俄国打中国，会从哪里开刀呢？一是福建，那里的海港如厦门、马江，足可以抵偿旅顺的损失；一是新疆，自左宗棠收复以来，俄国一天也没忘记那里。

作者承认，如果俄国攻击福建，以南北洋海军老朽的舰艇，如何防御俄军的炮舰，他想破头也想不出法子。但是新疆的陆战，却可以预为布置。

首先是要调查，各省巡抚将军都统，手下各有多少兵，当然，得是能打仗的。湖北、上海两处的军工厂，存有多少弹药；陕西、甘肃两处，有多少物资可运往西北；最大的问题是运输，当年左宗棠收复新疆，自凉州至安西，每运一百斤粮，粮价只二两银子，运费却要花九两多！因此必须调查清楚，自陕甘至新疆，哪里可以购买粮食布匹，哪里可以贮存物资。一旦开仗，军费……说到军费，文章流畅的论述突然打了个结。

作者回过头来，开始算账：中日甲午之战，中国向西方诸国借军费三千余万两，战败后，赔偿日本二万万两，又是向外国举债，后来赎还辽东，并补还威海卫驻兵费，又是五千万两，最倒霉的是，在这些杂七杂八的借款折来倒去的过程中，还有"不知用归何处者"四千余万两。

接下来，庚子义和团之役，赔各国兵费四万万五千万两。至此为止，中国借的外债数额，已达七万万七千万两。

而这些外债的利息，更高达八万万八千四百万两！以每年还四千余万两计，中国要一直赔款赔到光绪六十六年，也就是西历1940年，才能还完。那，要是再开一战，又得筹多少款？借多少债？

在已经让他的读者陷入绝望的深渊之后，社论作者开出两单药方。头一单，如果非要打仗，也只能打，非筹款不可，也只能筹，但不筹款则已，如要向国民筹款，必须给国民"监督财政之权"。言下之意，谁还信得过政府？不让国民监督，就等着玩儿完吧。

二一单，俄国佬这些年贪得无厌，到处挑衅，威胁西方列强利益的地方倒也不少，如果我国善用外交，未尝不能以夷制夷。法国不必管，跟俄国正穿一条裤子呢，那英、德、美、日诸国，早就看老毛子不顺眼了，俄国要跟中国开仗，必然影响诸国在中国的商务。只要咱们善于利用外交，也许近能消福建之祸，远能解新疆之忧，起码，不用两边同时开战。

文章的结论是，要一面准备动手打，"筹急欲战之准备"，一面则大搞外交折冲，"筹不欲战之运动"。

这篇文章，让我的心打开年一直悬着，时时打听着有没有开仗的消息。又过了半个月，周胜友案了结啦。俄国人又让了一步，判八年，从押返俄国之日起算，俄国承认中国是兵舰保护国，答应约束官兵，并给予周胜友家属抚恤金。

已经快出正月了，我突然有种想放鞭炮的冲动。可是……这不是本该的结果吗？何喜之有？

大门外熙熙攘攘，糖葫芦、鸟笼、热包子，有人往门外扔开败的"岁朝清供"——菊花、松枝、蜡梅。不知不觉，王荆公的几句诗涌到心头：

愿为五陵轻薄儿，生在贞观开元时。

斗鸡走犬过一生，天地安危两不知。

中国红十字会头回救灾，在东北

皮靴橐橐地响。杂乱的，由远及近。经过门口的时候，似乎迟缓了一下，终于还是踏了进来。

门开处，十几个日本官兵，为首的佩着中尉的肩章，留着威廉式的髭须，威严地扫视着房内的人，用低沉的、不纯熟的汉话喝道：

"你们的，护照的有？"

同行的人都紧张地看他。这个微胖的南方人，仔细看，额上和同伴们一样，也沁着细细的汗珠。但因为负着领导的责任，他比别的人要沉稳一些。

"要什么？"他一副没听懂的样子。

"护——照！"中尉戴着军用手套的手在空中比画着方块的证件。

他突然想到了答辞："护照？没有！"

中尉的脸色变得有些难看，手无意识地从腰间的指挥刀上方掠过。

"我们如果到贵国去，当然要护照！现在去的是辽宁，是我们大清国自己的地方，要什么护照?!"他比日本人还要理直气壮。

中尉有些蒙，转向身后的通译。通译赶紧哇啦哇啦，讲了一通。中尉明显怔了一下，想说什么，却又没说，突地一挥手："开路！"

日本兵一拥而出。屋里的人一时都还反应不过来。他则慢慢地坐下来，摸索怀里的汗巾："好险！"

他都不知道自己哪儿来的急智。

这一行人来自上海，为首的叫吴寿宽。他们是上海万国红十字会的特派会员，到东北帮助救济难民。

中国红十字会最初倡议于光绪三十年正月，当时的名称叫"东三省红十字普济善会"，发起人有沈敦和、施子英等，《告白》和《章程》刊于是年正月十七（1904年3月3日）的《申报》上。3月10日，沈敦和与著名传教士李提摩太出面，邀集中、英、法、德、美五国董事，讨论成立"上海万国红十字会"。

李提摩太当众宣讲本会成立缘由：新近东北爆发了俄日战争。开战前，日本派船前往旅顺、海参崴等处救出本国侨民及别国洋人。开战后，清政府也曾拟派船救出中国居民，但俄国人已经封闭各港口，不许别国船只驶进。由于清政府表示在日俄战争中"保持中立"，所以不便由官方派员交涉。

唯有民间成立红十字会，用以拯救中外难民。李提摩太同时宣布，他日前电询当时避难于辽西牛庄的西方传教士们，能否协助救护，传教士已复电表示同意。

上海万国红十字会于是日成立。因为中国尚未加入《日内瓦公约》，所以暂时不能采用"中国红十字会"的名目，只能采用现名。红十字会事分两头：上海总会在海内外大举募捐，同时在牛庄成立分会，救助东北被难人员，总会并分批派出会员赴东北办理救难事务。

吴寿宽一行，就是较早派往东北的会员。

他们并不是没有想到护照的问题。阴历五月初四（6月17日），吴寿宽到京师外务部，请领中、日、俄三国护照。不料护照领下来，上面写明"持护照人照准在辽河以西行动"。

"这，这不行啊！"吴寿宽急了，"大人，'辽河以西'能否改成'辽河一带'？"

发照的部员倒还和气：吴大人（吴寿宽是个候补的知县），这句话是日本人注上去的，人家在辽东打仗，当然不能让咱们随便溜达，对不？

吴寿宽跟他说不清楚，出门叫车，赶赴日本使馆，交阅护照，同时提出，能不能查阅护照底稿。日本使馆人员答应了。一看，只有"审核照准"字样，什么"辽河以西"，分明是外务部自己瞎添的！

"咹唏！"吴寿宽回到下处，拍着桌子叹息，"诸位，我算知道咱们国家外交为何老是失败，老是失败，这不怨人家，你们看看这事办的！他堂堂外务部司员，不会看地图不说，连东南西北都分不清！"

辽河以西，本来就是中立地，不归日本人管。辽河以东才是战区，红十字会宗旨是救护战地难民，不去战区，救个屁啊？

所以吴寿宽见到日本军人查验护照，只能说没有，要是拿出护照，马上就会被赶回辽河以西，还不如没护照呢。

吴寿宽的说辞见了效果，日后出关的红十字会会员，都这么说——"中国人到中国地盘，还用护照吗？"日本兵居然一一放行。

吴寿宽在日记里写到：到了辽东，才知道事情有多难办。首先，救灾物资运不进来，运进来也发不下去。

好在他认识了刘寿山。

刘寿山，山东人，在辽宁盖平（今盖州）开设商号，主要做俄国人生意。庚子年闹义和团，团民到了盖平，有人指控刘寿山是汉奸，他被抓进黑牢，不日处决。俄军打进辽东，把刘寿山放了出来，并派四名士兵保护他。俄军进城，奸抢三日，无恶不作，刘寿山带着保护他的俄兵，到处救护，保全了不少人的性命家业。后来，他找了俄军里的老相识军官，花钱通融，半夜，将数百名年轻妇女吊出盖平城。再后来，他又说通俄军在盖统帅，开城放出老弱民众数千人，盖平人称刘寿山为"刘菩萨"。日本人来了，又将刘寿山抓了起来，待知晓他的声望后，立即开释，还委任他当了区长。

吴寿宽结识了此人，就一力委托他办理救济诸事。当时日军实行海禁，红十字会从关内发来的赈灾粮食，如果由营口车运，旱道一百八十余里，价钱昂贵不说，一时间哪里去筹措那么多大车？刘寿山帮吴寿宽向日军交涉再三，才获得允许，雇船运粮，从山东沿海岸运往辽东，不但快捷、省钱（"节省车价一万余串"），而且可以"沿海放粮"，救活了多少挤凑在海边、嗷嗷待哺的灾民。

吴寿宽又来到了辽阳分会，那里以前是俄军的战地医院，"后四进厢房收留受伤兵丁暨难民八九百人，瘟疫流行，朝发夕毙"。几名洋医生根本不敢到会，还劝吴寿宽等人迁避，可是能迁到哪儿去呢？不几日大雨滂沱，院中积水尺余，他们挖沟排水，水退之后，才发现水将院里浮土冲去，满院都是累累骸骼。

据这里以前的工人说，俄军战败后，把战死军人的尸身焚毁，头颅则埋在院子里，准备战后运回本国。现在被雨水冲开，臭气难闻，而且极易引发大疫，红十字会只好出面雇人，把这些头颅埋在城外的高坡上。

来东北之前，吴寿宽听说俄国把东北糟蹋得厉害，似乎日本人还"文明"一些。到了实地一看，完全不是这样。"日军不用帐棚，到处与民杂处，将老幼撵出，壮者留作苦工，奸淫妇女，无所不为，控诸司令部，亦不闻问。"而且，从前俄军购买食用等物，虽也有强抢赖账等行径，多少让当地人能有些薄利。日军一到，强令改用日本的"军用手票"，不准现洋通行，违反者立遭吊打，死者无数。辽东一带被榨逼得灯枯油尽。

这一来，物价飞涨，可想而知。吴寿宽经历过江南的战乱，但也没想到鸡蛋会要二角银洋一个！更没想到稻草会跟战前的绸缎一个价格！

会所在城东，离州署约三里远。吴寿宽为了节省经费，往来都是步行，这样每月大概可以节省一百两银子。可是辽阳的风气，官气奇重，不断有嘲笑与冷语传来，说他堂堂一个"特旨即用"的七品正堂，天天步行，官体何存？吴寿宽在日记里悲愤地写道："余节省此款，可以多救几人，尔等不知感激，反而笑我，天良何在！遭此浩劫，诚不枉也。"

英国人魏诗伯德，负责万国红十字会在辽东的物资分配。他来到辽阳，找到开战以来一直驻此的本国同胞、医生白大夫，询问辽阳灾情。白大夫几个月都未曾下乡，仅仅听到教民的传说，就判断"辽阳无灾"。魏诗伯德又去问吴寿宽，吴说，日俄在此开战，已历数月，如果无灾，要红十字会做什么？他要求立即电告总会和各处，详告灾情。

白大夫听说此事，来到辽阳分会，大吵大闹：我已经在这里待了几个月，我难道不比你一个初来乍到的中国官员清楚灾情吗？

一个说无灾，一个说灾重，魏诗伯德好生为难，不敢发电。

吴寿宽说：红十字会会员有独立发电之权，本不必与外人相商，不过既然真相难明，魏先生可以下乡一查，便知虚实。

几天后，**魏诗伯德**返回辽阳，一见面就握住吴寿宽的手："You are a good man！"

吴寿宽听了通译传话，微笑道："白大夫其实也是好人，只是他没有见到灾情罢了。"

魏诗伯德返回营口，即电营口和在天津的直隶总督袁世凯，称吴寿宽"办事结实"。

吴寿宽在辽东待了十几个月，才回到关内。此次红十字会东北救灾，募款数十万，救运难民据说有数百万之多，令他十分感奋。不过，他郁闷地发现，即使在国人办的报刊上，也存在着对红十字会的诸多质疑。

比如，吴寿宽在辽期间，北京旨在"开官智"的启蒙报纸《中华报》发表头版评论《东三省救济问题与万国红十字会之关系》，称："红十字会者，以救济负伤之战斗员为主，而推及于非战斗员，而战地难民救济问题，则专属于在战地之中立国人民，其宗旨本不同，其性质自各异。"而内地的绅商士民，"思想幼稚，漫不加察，浑二者而一之"，不管其中歧异区别，一概交给万国红十字会，而红十字会的主持者，也认为难民救济为其分内之义务，将捐款一律收纳，并不管自己"无其性质与其资格，而强冒其名"，评论者哀叹"吾为三省灾民悲也"。

该报尤其质疑的是，国内绅商士民的捐款，合计有五十万两之多，还不包括皇太后拨发的内帑十万两，目的全是此次东三省战乱救济，而从红十字会的章程来看，他们只会用此款的三分之一或更少来救济难民，其他捐款将"留作会中公积金，以期本会实际发达"。评论者指出：这样不是与捐款者的本意不符吗？

而且，《中华报》根据东北各地的特约通信报道，指控"红十字会各大人皆惮于车马，仅于冲要之城镇设局敷衍，东北僻乡有未知红十字善会之名者，亦可慨矣"。

吴寿宽觉得这种说法与自己的经历不符，而且红十字会救运难民，发放物资，都有据可查呀！

可是，他确实不知道所有捐款的使用情况，也不知道东北其他地方的救灾情形。一年以来，同行者有怪他"官体不尊"的，有怪他"临渴掘井"的，还有怀疑他侵吞公款的……他曾在日记里写："诸君共事年余，尚不见谅，遑论其他哉！"办义赈数十年，确实没有比这次红十字会之役，更为冒险劬劳，更为无处诉苦的了。

回想起那次白大夫坚持说"辽阳无灾"的往事，他不禁深深叹了口气。

运动啦！抵制啦！

哈德门（崇文门）外，有个小孩，名唤大善，也不过七八岁光景。他们家日子不咋地，靠他爹开个杂货铺挣嚼裹儿。孩子这两年大了，他爹说："得！挎个烟卷箱子，上大街卖去，不也能挣几个贴补吗？"这么着，大善每天挎着烟卷箱子（那是他爹年轻时候，没开杂货铺时挎过的）在南城一带晃悠。

这天走在街上，猛不丁看见前面聚了一大堆人。大善是小孩子，他好奇啊！挤啊挤啊，拿烟卷箱子开道："借光，借光，谁要烟卷？丁字的、品海的、孔雀的、云龙的……"他挤进去一看，愣住了，这么多人，他以为是耍把戏卖艺的呢，谁知道，醉郭！

醉郭在南城算是个名人。据说他原本是个教书先生，姓郭，名瑞，字云五。庚子年八国联军占了北京，朝廷没了，馆也歇了，郭先生伤心啊，整天往小酒馆里一坐，二两烧刀子下肚，就开始痛哭痛骂，骂洋人，骂朝廷，骂大臣，骂读

一七四

书人，骂老团（义和拳），骂北京人……没有他不骂的。渐渐地被人唤作"醉郭"。"两宫"回銮之后，他又添了一样毛病：每日下午，站在大街上讲雍正爷颁的《圣谕广训》！老人说，旧年有这一行，都是些老头儿，背着梆子在四乡讲圣谕，那是官府派的，你醉郭算哪一路呢？可他是在讲圣谕呵，巡街的也不敢管他。

后来醉郭也改了，不讲圣谕，改讲报。他讲的是北京城新出的《京话日报》。因为他有名啊，一开讲，老百姓都围上来听。办报的彭先生知道了，干脆聘他当了《京话日报》的讲报员。

关于讲报这事，听人说，朝廷里有不同的看法。袁中堂的意思是得禁，不能让商民当街宣讲，不然容易重演义和拳那一套。太后老佛爷倒是说了，中国的民气正有些活动，国家正当听其自便，不必干涉。总之，醉郭讲他的报，官府没查禁也没表彰。

可今天人咋这么多呢？

醉郭的声音已经有点儿哑了，花白胡子一动一动的："列位！这次美国朝廷，他欺人太甚！当初他国内要修铁路，募了咱们多少华工？华工流血流汗把铁路修好了，美国反说华工抢了他们本国人的工作，制定了许多专对华工的禁约条款，从光绪廿一年到如今，已有十年了！他们不许华工自由居留，不许华工自由工作，动不动就是拘捕、检疫、殴打，关起来不给吃，不给喝……现时美国的华工禁约就要到期，当地华工一致要求废约，我大清使臣也要求废约，但是，美国的巴力门，就是国会，再三不理会，还要续约……这一来，咱们的华工兄弟在美国就得继续过水深火热的日子！

"列位！这次南省发动反对禁约，抵制美货，咱们京师百姓，就在天子脚下，《京话日报》上说咧，有了这点爱群的心，团体可就结起来了，大家齐心不买美国货，拿定主意，不改条约不拉倒，也未必争不过来！"

醉郭的手在空中用力地挥了一下，周围听讲的一片彩声。

"具体的法子，《京话日报》上也说得很白，我跟大伙儿念念：头一条，我们中国商人，不许再买美国人的货物！这一条最是要紧，大家都记着！

"二一条，美国货物进口，脚行不给他起卸，栈房不给他存放，行家不替他出卖。三一条，美国人的轮船帆船，中国人不搭坐，也不装货。四一条，中国人就美国人的事，上至洋行的买办，下至厨子和马夫，一律告退，瓦木匠、裁缝等等，也不许再给美国人做活。五一条，美国人开的学堂，中国学生一齐散学。中国当教习的也要告辞。最后一条，美国银行的钞票，中国市面上，都不准再收用。有银钱存在美国银行的，都一概提回。

"这些要都能做到了，美国绝受不了，华工禁约废除才能有望……"

大善不听了，他挤出人群，昏头昏脑地往家走。醉郭是好人，这个没问题，有时街上遇到，他还教过大善认字哩。而且人家说的，那叫一个在理，咱们自家人出去受了欺侮，咱们能不帮吗？不买美国货，大善举双手赞成，可是……

他低头看看自己的烟卷箱子，丁字烟、品海烟、孔雀烟……不都是美国来的吗？这些，是不是都不该卖？

大善低着头走，一边轻轻用手把面上的丁字烟、品海烟、孔雀烟……翻到底下去，那，就只剩下日本的云龙烟了……日本就日本吧，不是美国烟就成！

"小孩！"路边有人叫他。"来包烟！""欸！"大善一溜小跑过去了。

"什么牌子的？先生！"

"不要美国牌子！咱不能招街坊邻居戳脊梁骨……还有啥？就云龙了？那……那就来一盒吧。其实我老抽品海的……你说，啥时候咱们中国也有自己的卷烟卖呢？"

大善回答不出来。那人笑了笑，摸摸大善的头，撂下钱走了。

大善叹口气，又把头低下来。可不是？要是烟卷箱子里都是中国烟，大善该多么理直气壮啊！

当的一声锣响，把大善吓了好大一跳。抬头看，前面过来一列游行的队伍，还呜里哇啦地吹起了喇叭。当头好几个人，抬着一块一人多高的大牌子，上面画的是……看清楚画上的内容，大善的脸一直红到了耳根子。

那大牌子上画个老鼋，嘴里含着孔雀烟、丁字烟，左边前爪，抓着林文烟香水瓶，右边前爪托着一本书，封面上写着"中国现今大势论"；后边两只爪，蹲着美孚煤油箱，自足自美，得意扬扬；煤油箱底下，压着受罪的华工，蓬头垢面，七窍流血……大善不知道《中国现今大势论》是什么东西，谁写的，可是这画面一看就明白，他赶紧往街边胡同里一窜，怕扛牌子的人看见自己手里的烟卷箱子。

胡同口正好有俩人在看热闹，一面发着感慨：

"二哥！如今民智真是开了！您看反华工禁约，闹得北京九城哪哪儿都是大动静！"

"敢情！您听说了没？昨儿大栅栏有学生演说，教大家拒买美货。当场啸聚了好几十人，挨家铺子搜，搜出来就砸，还真是三家大铺子落在他们手里，嗬，那一个乱哟！我正好去看我老姨，眼瞅得真真的！"

"官面上不管吗？"

"也得敢哪。那阵仗，谁敢出来说半个不字，好，你向着美国人！谁受得了哇？这三家铺子，都认栽啦！当时不敢言声，今天，今天的报纸您看了没？登了告白，道歉！还捐了四十元的国民捐，那意思咱也是爱国的，误会，纯属误会……"

"您别说，二哥，真有狠的。我们前院有一寡妇老太太，也不知是得了什么痨病来着。人家都说，买条美国产的电带，兴许有治，她呢，一听说美国的，不要！人家华工那么受罪，我要这条老命干什么？过了两天，死了！这怎么

一七八

说的？"

"有比这狠的！我就纳了闷啦，哪回咱们反洋鬼子，都是连二毛子教民一块儿反吧？他们老站那边呀！这次不，教民也反美啦，还是美国教会的呢。他们说了，我入了美国教，可我是中国人！北堂那么多教民，全把家里藏的美国烟、美国油，一把火烧啦！"

"陆达夫，陆三！认识不？永和煤油行的那个采买……"

"嗯，他在美国教？"

"他倒不在教，可他们行一直是美孚煤油的老主顾。这不，前两天刚进了一批，马上被行里同事、工友发现了，人人指着鼻子骂他是卖国贼！今天我一打听，您猜怎么着？辞职了！其实陆三人不坏，就是好贪个便宜……"

"美国货便宜也不能买！报上说了，错非是他们白送，咱们就要，哼，不废约，一个大子儿也别想从中国拿走！"

大善回家了。

第二天，大善说什么也不肯上街去卖烟卷。他爹说他不懂事，把他臭揍了一顿。扛大牌子的队伍还在九城游行，下午经过大善家门前，看见这孩子眼泪汪汪的，坐在门墩子上。

光绪三十一年，留日学生都回国了

你好，你想成为光绪三十一年的一名留学生吗？

让我们先来看看你能去哪儿。甲午（1894年）之后，中国人去日本变得像去上海一样容易，因为不需要签证。船票又便宜，最贵的头等座到横滨不过五十四元，最便宜的三等座到长崎才六元！因此张香帅等封疆大吏也提倡留日。这六七年间，数以万计的中国学生从上海或天津上船，往那个岛国的福冈、长崎、东京进发。

那么多的中国学生到了日本，日本有那么多学校可上吗？何况大多数中国学生没学过外语，到日本要先上语言学校。那班见钱眼开的日本商人，只管开个学校让你登记入册，百事不管，反正你大概也是迫于父命，或者追新逐潮，才来日本的，多混几年不打紧，回了家乡，也算喝过咸水、吃过寿司的维新人士，哪里没有个前程？

中国人正留日留得高兴，不想出了个端方端午帅，向朝廷上了一本，道是：中国人怵于日本之自强，往往径赴东洋，其实日本学术也是学自泰西。他说，欧美国家，中国人去得少，老师教留学生认真不敷衍，比较容易培养出有用之材。他警告说，像现在这样目光短浅，顾惜资费，势必会"习于近便，继往无人"，学不到真正的西学。

所以端午帅接替张香帅出任湖广总督兼湖北巡抚后，不惜重资，遣送了两湖学子二十多名前往美、德、俄、法等国。你要是两湖人氏，那你就算发达有望？！不是？那也没关系，端午帅的本，朝廷是已经核准了，饬令各省，选派学生留学西洋。

朝廷现时也不同往日，事事都要立个章程。官派留学也不例外。首先，你懂不懂西文？不通西文者，官府只选那些"年十四五，心地明白，文理晓畅"的。如果你通英文或法文，则十五至二十五岁都在候选之列。何以如此？因为照看过留学生的各国使臣都说，人过二十，舌根就硬了，学不了外语，而且，年长的人好议论时事，又喜欢欺负幼小者，比较难管。

那位说了，为什么不直接选拔通西文的青年呢？章程里说啦，边省腹地，风气晚开，不太容易选出通西文者，还是从娃娃抓起比较好，但是娃娃的中文一定要好，不然会忘本。

这些选出的留学幼童，按省份集中，各省要派一位熟习当地文字的"帮教习"，即领队，带着他们出洋、赁屋、延师，居间翻译。如果实在找不着合适的人，去德国用英文译员，去俄国用法文译员，也勉强可以。

生性顽劣不听管教的、游手好闲无心向学的、偷鸡摸狗有损颜面的，一概立即遣送回华，而且还要追缴学费以示惩儆。

说到这里，关键的问题来了：给多少钱？

前几年留洋学生由各省自行派送，学费非常悬殊，少的一年七八百两银子，多的一年有二千两。不但苦乐不均，而且有失公平。现在朝廷调查后决定，每人每年一千二百两。

这每月一百两中，二十两是"修金"，就是学费，八十两是食宿零用。这里面还有区别：如果学校提供住宿餐食，则由使臣统一缴费，每月发给每人十两银子作零用。有的留学生家庭经济比较拮据，也可以申请每月给付家里十两赡费——这也是湖北开的先例，以去留学人员后顾之忧。

帮教习带着留学生集体居住，以两年为度，如果条件允许，等到他们"稍解语文"之后，也可以让留学生到当地人家中寄寓。正式学习以三年至五年为期，毕业之后，还有一个"游历"阶段，让留学生们在欧洲各地转转，看看"诸名厂及一切艺术"，每人大概可以领到四五百两银子。不过，这笔钱暂时用不着，可以缓筹。

——这里必须解释一下1905年的银子值多少钱。当时一个鸡蛋值两枚当十钱，即二十文，一两银可以买七八十个鸡蛋。齐如山和三个朋友吃一顿便饭不过二十枚铜元，约合七分之一两银。以购买力计算，1905年的一两银子至少相当于2009年的三百元。那么，一个留欧美的中国学生一年岂非要三十六万？要的。

这真是好大一笔款子。想想国内急需西学人才，每年每省送出去多则四十人，少则十人，难怪地方教育预算处处吃紧。于是有出使比利时大臣杨兆鋆奏称，比国"学制大备"，尤其路矿制造，为其所长，更关键的是学费住宿都比较便宜。杨大臣说，留学比利时，一年只需要"一千六百佛郎"，比起其他国家来，只有三分之一，与其在法德美俄培养一个人，为什么不在比利时培养三个人呢？

这个奏折，很打动了朝廷与许多封疆大吏。以两湖为例，总督端方于1903—1904两年间派出的留学生，美国十一人、德国廿二人、俄国四人、法国十一人，比利时呢，有四十八人，刚刚等于其他四国之和。

这是官费，谈到私人留学，还是去日本的多——便宜才是王道。以日本当时最著名的私立大学早稻田大学为例，1905年的《日本早稻田大学中国留学生章程》记载，专为中国人设的"清国留学生部"预科学费为每年日银三十六元，本科学费是日银四十八元，如果继续上"大学高等预科"和"大学部"，清国留学生与日本学生缴同样学费，各分三期，高等预科总计日银三十七元五，大学部日银三十三元——日银两元相当于华银一元，即七钱白银。也就是说，早稻田大学的学费，最贵也不过每年十七两银子！比起欧美留学的每个月学费二十两，你会选择哪个？

而且日本留学生又不见得不吃香。按照张之洞1903年制定的学务章程，公派出国的留学生，学成归国考试合格，分别授予进士与举人资格。1905年6月，朝廷举行第一次归国留学生考试，由学务处主持。因为还没有欧美留学生回国，参考的十四人全是留日的。考卷分为国际公法、法律诉讼、商业财政、机械学、化学五类——可见当时培养留学生的主攻方向。题目出得不算深，如"商业财政类"考的三道题目是：

一、银行为一国财政之枢纽，其种类功用若何，试详论之。

二、各国财政皆以发行公债为政策，试详列其种类并言其利。

三、国税与地方税异同论。

科学类更简单些，估计考官自己也不太懂，如"化学"三题为：

一、化学关于国之富强论；

二、石油生成之理说；

三、安全火柴之前途及其制造法。

接下来还有"殿试"，考的是留学生们的"国学"，这才是让现代人头疼的内容：

一、楚庄王日训国人申儆军实论；

二、汉武帝诏举茂才异等可为将相及使绝国者论。

——如果考留学生一直这样考下去，我真替那些十四五岁就跑去欧洲待上六七年的小留学生捏把汗。

好在考试不过是走个过场，授职与考试成绩并不挂钩，而且，不限于公派留学生。例如，陆宗舆，那个五四运动中名列三大卖国贼之一的前驻日公使，就是早稻田大学政科自费生。他考了一等第二名，被给予举人出身。

自本年起，考试、任用留学生形成惯例，直到1911年，六年内考了七次。其中参加考试的欧美留学生共一百三十六人，而留日学生达一千二百五十二人。便宜真的是王道。而且，端午帅也没有说错，那些留学欧美的学生，考试成绩确乎都名列前茅，虽然他们刚刚返入国门，力主留学欧美的端方便已殒命于四川资州，用人单位清朝政府也去日无多了。

老郑，说说你儿子想当兵这事

门房老郑上街买茶叶，回来后自己拿到书房来，放下茶叶又不肯走，期期艾艾地似乎有什么话要说。于是我放下手里的书，问他有什么事。

"是这么的……俺家二小子，今年十八了，年景不好，想让他当兵吃粮去。想问问先生，这兵，当得当不得？"

他这话，要是早问个把月，我准保瞠目结舌，最后只能让老郑上别处打听去。可巧前两日，杂志上登了练兵处奏报的陆军营制，我一时动了好奇心，查考了一番兵制问题，一肚子学问正没处堆放，老郑正好来当我的听众。

"老郑，你坐！坐下慢慢说，不是一两句话的事儿。"

我从书架上抽出一本杂志，翻开来，点了点上面的字（虽然明知老郑不认识）："兵制要改！老郑你听说了吗？"

老郑一下子惶恐起来："没，没听说……俺单知道有旗兵、绿营兵，还有个啥……小站兵？"

"那是过去的皇历啦。旗兵、绿营在康乾时威风一时，后来打不了太平军，就改练勇了……"老郑是直隶人，没怎么见过湘勇、淮勇，懒得跟他解释，"甲午之后，练勇也不管用，朝廷开始练新军，就是你说的小站兵，先是胡橘芬胡观察，后是袁世凯袁宫保……现在这新兵制，就是根据小站兵的经验，要在全国推行……"

老郑呆呆地听着，敢情是不太懂。

算了，我挑容易的切身的跟他说："新兵制，兵分三种，一是常备军，要本地人，还得有身家，当上就发全饷……"

"全饷是多少？"老郑最关心这个。

"这个……还没定下来，等我打听了再告诉你……关键是，常备军能拿全饷，当三年，退回原籍，变成续备军，每月饷银减一两。不过，平日可以自谋生业，每年十月，会操一次，那个月可是拿全饷！"

"那敢情好，"老郑高兴起来，仿佛看见了白花花的银子，"要是出了远门……"

"放心，章程很周到。要是出门在外，可以申请参加当地会操，一样算数……续备军又是三年，然后转成后备军。后备军是当四年，不用每年会操，只要在第二年、第四年会操两次。饷银呢，"我忙着翻书页，"按续备军减半。四年后备军当完，就退作平民了。老郑，从前进绿营当兵，只要当过一天兵，一辈子都是兵，哪怕你年过五十，体衰力弱，也只能在营里待着，发一份养老月粮。要是有儿子，每月多发五钱饷银，儿子就叫作'余丁'，有战事随时补充，因此咱大清的兵代代相传，没个挑拣，打起仗来难怪不济！现在好，当完十年兵，爱干吗干吗去……"

"可是，俺们要乐意在营里待着呢？"老郑对种庄稼、做生意好像都没什么信心。

"也不是不行。这上面说，'当兵十年始终勤奋结实可用者分别考验拔升干把外委官职'。干得好，升了军官，可以去管续备、后备军，这就算出头了！"

见老郑很高兴的样子，我赶紧泼冷水："先别忙着高兴，老郑，你刚才说你二小子十八了，是不是？"

"是。"

"兵制上说，募的兵要二十至二十五岁者，你二小子不准能有这资格。还有，身高得有四尺八寸，南方人才能减二寸，他有吗？"

"这小子长得壮，比俺高，有没有先生你说的那数目……没量过。唉，岁数不大怕，招兵的官儿又不是眼见着俺二小子下地的，跟他说二十不就完了？"

哦，倒是我迂腐了。我只好笑笑，翻过一页。"还有些个条款。'膂力限平举一百斤以上'，大概没问题？'曾吸食洋烟及素不安分犯有事案者不收，由各村庄庄长首事地保等点验。'"

"没有没有，俺二小子老实着哩。"老郑双手乱摇。

"老郑，好好听着，这条跟你关系最大。"我不去管二小子有没有吸过烟、打过架，"一旦你家老二当上兵，募兵的委员会抄一份名册给地方官，并发给你一份执照。你家老二在营里，饷银不全发，够他吃够他穿就行，余下的，六个月一次，派委员会同地方官出告示，你拿着执照去领。这执照可得保管好！"

老郑从没听过这个，嘴张得老大。

"还有，家里有人当兵，只要你家田地在三十亩以内，县里、乡里的差役全免。地方官对兵丁家属，还要特别爱护，不准土豪痞棍欺负。即便有官司要打，也准你像秀才们那样，见了知县不跪，也不能随便打板子。"

老郑简直要手舞足蹈了："先生，照您这么讲，这兵着实当得？"

"等等，"我双手往下按，"要说这新兵制，确实比从前好得太多了。不单家里受惠，每队还添四名军医，照管兵士疫疾……不过这是纸上文章，实情如何，我帮你打听打听再说罢，老郑，啊？"

转过天来，应酬上碰到一个在练兵处当差的朋友，我就问他：这兵，当得当不得？

他正用小指甲挑起一撮鼻烟，听了我的问，斜过头看看我。"老兄，你敢是日日在家当书虫？这陆军营制章程，是仿着东西洋各国的制度订的不假，改良之处甚多，可是那些续备军、后备军，每月得用多少饷银？是朝廷发放，还是各省自筹？就算筹到钱，哪有带兵的不从中抽头分肥的？落到当兵的头上能有多少？"

"可是……"

他不理会我，小指轻巧地一抹，阿嚏，打了个大大的喷嚏。"写章程的人也不是不明白，比如东西洋各国，发给官兵的钱都很少，衣食日用各物，都由公家统一订购供给，'以俾在营官兵，专心操战，无他顾虑'，可是中国没有各种供应物品的公司来承接这些军需之事……"他从怀里掏出一页文书，"哪，'时会所趋，习于贪诈，清白可信者固属无多，能知缓急者颇难其选，稍有不慎，流弊丛生'，练兵处有什么法子？还不是由着各地的官员自己操办！"

他手头的纸上列着不少物品，我好奇心大炽，问他所列何物？

"哦，这是袁宫保抄给衙门的新军装备，明儿打算发给各省，照此办理。"

我要过来看，上面列着：

> 每兵计冬夏号衣、皮衣各一件，单衣、裌衣、棉衣各一套，军帽两顶，战靴两双，手套两副，雨衣、雨帽各一套，洋毯一条。其他装备，每兵皮背包、擦枪油壶各一只，拆枪器具，退子弹钩各一副，短锹、脚钯各一把，缠伤布条一块，止痛药棉二副。
>
> 每棚（九人）配吹哨、九明灯各一只，大锹四把，斧、锯、镢头各二把。每哨（三棚）配时钟、望远镜、指南针各一。每队（三哨）配洋号十四个，洋鼓四面，

更鼓、锣号各二具，号灯四只，电话机一部，大望远镜一具，等等。

"袁宫保的小站兵，真的配得如此齐全？"

"可不！老兄，回去跟你亲戚说，要当兵，也得分跟谁当兵！"

他打了个呵欠，把清单折好，放进怀里，看见指头上的鼻烟末，想起正事来，高声向着远处叫："手巾！热的！"

长沙抢米案始末调查

一、闻警

京师的春昼，大半总是晴日为多。倘能有纷乱淋漓的细雨，便容易让人想起温润的南方。我已经好些年没回望城老家了。

轿子在门前停下。并不是很大的门楣，却自有静立的古意，小沙弥替我开了门。今天有雨，一柄伞带领着两柄伞，迤逦踱进深院，那里有人等着。

这里是法源寺。离长沙会馆不过四五里地，但彭坚持要在此聚会。这里的丁香花大大有名，尤其是空结雨愁的日子。龚定盦名之为"香雪海"，李越缦说"京师花尚可看"，便是指的此处。

然而今日之会，不是为了看花。

彭、黄、罗都已在。

"诸位都看见昨日的邸抄了吧？"彭的声音低沉，眼睛里满是血丝。

我点点头，从怀里掏出一本册子。"我带来了。岑老五的奏折上说，是因为湖南米价日贵，绅民要求禁运出省，办理平粜。不料三月初四下午，有痞徒煽惑贫民，在省城南门外聚集多人滋闹，并将巡警道赖承裕殴伤，拥入城内。他们包围巡抚衙门，不听地方文武开导，将巡抚、臬台衙门两处头门打毁，并乘势冲击西长街大清银行及信义会、福音堂、内地会三处，打毁、烧毁房屋三间。痞徒迄今未散。我看这里面有文章！"

"不错，"黄拊掌表示附和，"我湘澧州去岁水灾，波及全省，米价连日飞涨，这一点我们都是知道的。二月底我收到家书，说三湘各地已有贫民联合闯进大户（俗称'吃排饭'）。湖南民情剽悍，这不假，但若非地方官员赈济不力，激成民变，怎么会闹到烧衙殴吏的地步？"

"岑老五这个纨绔！"罗一拍桌边，刚想发作，沙弥进来掺茶续水，大家暂时止住了交谈。

岑老五是指岑春蓂，他做到湖南巡抚，大家都说是靠了父（岑毓英）、兄（岑春煊）、师（张之洞）之功，实则其人骄横跋扈，不通民情，我们在京的湘籍御史早就想弹劾他了。

沙弥一走，罗迫不及待地翻开我带来的邸报，点着岑春蓂奏折的最末一段："你们看，'倘敢逞凶抗拒，扰害治安，则是形同叛逆，惟有示以兵威，格杀勿论'！我看事情一时不会了结，还要闹大！"

这个结论似乎大家都承认，但又不大情愿看到。一时间，又陷入静默中。

"此事并不是湖南方面先报达朝廷的。"一直没说话的彭，用手捻着下巴上的胡须，"三月初四那天深夜，英国大使就找到了我们外务部的堂官，说接到湖南电报，长沙滋事，英国教堂被打毁。大使馆已经电令上海、武汉两地的英国兵舰，开往长沙保护。我们堂官听到这个消息，吓得目瞪口呆，赶紧发电长沙询问，一面又加急禀报军机处。等到长沙方面的电奏到达，已经是初五中午，再根据电文上所述，紧急约见英国大使，说地方情势已在控制之中，希望兵舰不要派往长沙，以免扩大事端……"

"英使答应了吗？"罗是湖南人特有的急性子，在工部历练了这许多年，也没有什么改变。

"他们怎么会答应？还不是官样文章，说接长沙、汉口领事电，长沙事态紧急，教士和侨民处境危险，兵轮去，只是预备教士和侨民登船避险。那些船舰停在江心，不至于惊扰地方云云。朝廷……朝廷又有什么法子？只能由外务部发电武汉、长沙，再三要求认真弹压事变，切实保护外人……这两天，部里的人，谁也没能睡上一个囫囵觉……"

"这事小不了，"黄望向我，他与我是都察院的同事，"少不得要参几个官绅，如何善后，总也要上个折子，咱们要早做预备。"

我颔首不语。停一歇，方道："还须了解多一些内情，过几日咱们再聚。此外，朝廷现在很重视舆论，所以要再看看，上海的报纸如何评论此事。"

从法源寺回来，我即刻往长沙、望城、宁乡等地写了六七封信，托当地亲友帮忙访问、打听长沙风潮的内情，尤其是官府在风潮中的作为。

消息还在不断地传来。风潮不仅没有平息，反而来势更凶。初五，暴民用煤油焚毁了抚台衙门的头二门、大堂、二堂并科房数间。兵队开枪，伤毙数人，人潮才散去。但另一股人群已经将北门外教堂烧毁，日本驻长沙领事的住房也被打坏——外务部的头想必越来越大。受波及损坏的还有中路师范、长沙府中学堂、蒙养院。岑春蓂于初六拿获了五名暴徒，立即正法。而军机处也在这一天，将这位纨绔巡抚"交部议处"。

彭来过我的寓处一次。他的眼睛似乎熬得更红了，他带来了几份奏折的抄本，还有长沙几个有名士绅，如王先谦、叶德辉给他的信。

"事情还没完，官、绅两造，已经在互相攻讦。岑老五一口咬定此次民变，起因在于长沙大户士绅囤积居奇，藏粮不售，以致粮价飞涨。叶郋园、王葵园他们则反过来指责抚署因循草率，说他们早在二月十七就联名上书，要求粮食禁运。岑老五办事太慢，面对民变，又措置不力，致酿今日之祸。"

"你觉得谁的责任大？"

"地方有事，主事者肯定难辞其咎。不过军机处也有个拟旨，说湖南绅权一向过重，借此事平抑一下，也未尝不是好事……你那边怎么样？"

"我已去信家乡，了解风潮内闻，想来不日会有信。"

"好，有信再通声气。"彭伸手去抓大帽子，我端起了茶碗。

"还有一件事，"他临出门又回身，"部里已经发电报给驻比利时的杨大臣，声明在湘洋人，均经保护避开无恙，市面照常贸易。但是西报谬称此次事件起因是民众仇洋，请他转给西洋各报，以正视听。"

"这么说，确实有仇洋的关系？"

他意味深长地笑笑，匆匆走进了院子里。

二、访实

接到去长沙的指令，是三月十四。

中兴以来，湖南出的名将名臣名幕名师遍布天下，但湖南本身，仍然只是一个"中省"。上海的报馆，一般只在湖广总督驻节的武昌府设一个通讯处，兼顾湘鄂两省的报道。我们报馆也不例外，湖广一带全靠我一只钉，长沙那边往往顾不过来，只靠着代派处几位朋友，常常通信报告一些近闻。

这次抢米风潮，初四发作，初五我就得着消息，接下来的一礼拜，日日起身，便急急赶往督署，找相熟的老夫子要长沙奏稿的底本看。岑老五的奏折语焉不详，官话连篇，根本看不出事由端倪，湖广总督瑞澂也跟着含含糊糊往上报。他们更在意的是烧了洋人的房子，武汉英国军舰开往长沙，有可能酿成外交事件。

"不行，"我回到下处，一边吃热干面一边跟自己说，"我得去趟长沙，不然没法知道事情真相。"吃完面，我去电报局给报馆发了个电报，要求去长沙访事。武昌这边的事，我可以托同行顶替几天。

三月十四，我收到报馆的回电，同意我去长沙。

事变后几日，长沙方面奏发频繁，其中包括署理湖南巡抚杨文鼎的补充奏折，仍然没有什么新鲜的说法。唯一可以注意的两点，一是岑春蓂初八的奏折里，提到"酿事根由，详查实有二端"。除去禁米出境延误招致民众反对（他说是"愚民不知约章，致生事端"），尚有一事，乃因英国领事要重建领事署，考虑到湖南工匠不太明白西洋图式，打算在广东、上海两地招一批工匠来包建。而湖南泥木工行一向喜欢搞垄断，去年就曾因湖北工匠入湘包办教堂工程大起冲突，后由地方将湖北人护送出境才罢，今年听说英国领事署延请外人，就乘机滋事云云。二是岑春蓂、杨文鼎均奏称，作乱民众有会党混入。尤其其中一拨人，身着青衣青裤，称为"青兵"，民间传说他们行走如飞，专烧教堂，跟洋人作对。这支队伍是哪部分的？义和团余党？白莲教？哥老会？洪福会？革命党？连武汉三镇也有许多传说。

正好上海的几种报纸都带到了武昌。上面的报道，大抵是根据岑、瑞的奏折，或来自西报的译电，描述事变经过。但可以看出，报纸的主笔和编辑们并不满意这些报道，他们纷纷撰写时评，讨论此次湖南风潮的来由，总结了不少"潜由"和"前因"。有的说长沙民变原因众多，如实业不振，农民贷钱种谷负担过重，官府滥发货币导致物价上涨等，不只是因为灾年歉收米价高昂；也有的说湖南地方训练新军不力，有事专恃巡警，导致巡警日趋腐败；还有的说社会教育不发达，地方权力都被顽绅把持……总之说什么的都有。这更坚定了我去长沙的决心。

三月十七，我乘坐的招商轮船抵达长沙。我刚到栈房放下行李，正吩咐茶房打水来洗脸，外面报说有客来访。让进门一看，是代派处的老颜。两天前，我曾电报告诉他来长沙的时间和落脚点。

"事情不好办哪。"他皱着眉头，将一份《时报》搁在桌子上。我正要去看，茶房送水来了，姑且先洗个脸呗。

"老颜，喝茶。"我一脸的胰子，指点着桌上的茶壶，"我从武昌带来的五峰，新茶。"

老颜喝茶的当儿，我也把脸洗完了，拿起桌上的报纸一看，不出所料！

三月十七专电说，民政部称"湘乱已平，各报纸仍多登载，恐人心摇惑"，因此枢府"特饬民政部"知会各报，即日起停止刊登湘乱报道，以免影响"慰人心而维大局"。

对此《时报》有一篇时评，作者说"入岁以来，乱象迭见"，但是其乱之起，"非起于乱之日，而必有乱之因"。"吾国官吏处民穷财尽之秋，平日从容逸豫，因循粉饰，无不讳言乱事，蒙蔽朝廷"，"凡民间之呻吟疾苦，举不足以介于怀，且悍然无所顾忌"，而湘变风潮，只不过是青萍起于微风之末，将来像湖南这样的事，还多着呢。为什么报纸报道要不厌其详，正是因为要"惩前毖后，为未雨之绸缪"，以免将来重蹈覆辙。政府怎样能把报道看作谣言，总想着闭塞天下的耳目，来为不肖官吏遮掩过失呢？"吾真不知衮衮诸公用意之何在哉！"

"老颜！这篇时评的作者我认识。他说得对！这样压制不是办法，现在流言那么多，全国国民，还有列强都在关注此事，正是应该报馆深加探访，详载事实，以消浮言，以定人心的时候。这道命令一下，反而让举世怀疑这里面究竟有多少古怪！"

老颜点点头："只是风声加紧，我兄到湘访事，多有不便，而且访出来的又不能登载，岂不白费工夫？"

"不会，"我摆摆手，"咱们报纸办在租界里，民政部只能卡住销行这一块，登什么他们管不着！倒是你们代派处，到时可能会有些麻烦……"（老颜苦笑了一声。）"好，先不去管这个，老颜，你都帮我找了些什么人？"

老颜嘴角浮起一丝微笑。

"三月初四之乱，上至岑巡抚，下至投水而死的黄姓一家，涉及的人员不知凡几，但是，你觉得最关键的人物是谁？"

"我想想……岑巡抚？庄藩司？王先谦？谭延闿？……都不对！激起民变的转捩点，是在巡警道赖道身上，他叫什么名字？"

"对，赖子佩！他的官名叫赖承裕。咱们虽然访不到他，但我帮你找到了一个人，此事的前因后果，问他最清楚了……"

三、口述

小姓余，不是本地人，是，小地方江西抚州……不过来长沙也快廿年喽。访员先生，你在这坡子街望一望，最大的那家首饰店正是敝生意，余太华……要不要带一点礼回武昌送人？走内眷门路，用得着，哈哈。

巡警道赖老爷，嘿，当然认识，那是敝人的至戚……

哎，哎，小女正是许给了赖公的文孙，小婿还在修业学堂，所以未曾毕姻，本来是今年秋天成礼，已经在上海订了铜嵌螺钿的大床……哦哦，好，说正事，省城闹事之后，敝人去探望亲家赖公，他亲口告诉敝人的。敝人晓得兹事体大，不敢在外胡言，只是前几日在敝乡会馆摆压惊酒，被几位乡亲撺不过，才说了这么几句，不想居然被你先生晓得了。

不过二位先生说得对，敝亲赖公如今千夫所指，含冤莫白。他官身不由己，不便开口，敝人只是区区一贾，可以替敝亲辩白一二。

你先生可曾听说，风潮之起，都是因为碧湘街有个姓黄的挑水夫？我听人说，他一家四口，全靠一人挑水养活。三月初二那日，家中仅余七十文钱，黄、黄什么，哦，黄贵荪！他让堂客拿着钱，去籴一升米回来，煮锅稀饭，全家暂度几日。哪知他堂客走到前街的戴义顺碓坊一问，一升米已涨到了七十二文。他堂客哀恳了两句，碓坊主人毫不理会，那堂客一气之下，走到南门外老龙潭投了水。黄贵荪向晚回到家中，才听说堂客跳河，跑到老龙潭边一看，只剩两个细伢子在那哭哭号号，黄贵荪气不过，拉着两个细伢子也跳了潭……一升米，四条命，真是造孽！你先生若要去看老龙潭，城南书院外面便是。

这件事，当天就传遍了长沙，街上都骂戴义顺不仁不义。他不单是少钱不卖，听说，有个娭毑去卖米，有两个钱烂哒，他也不卖。娭驰回家去掉换了来，一眨眼工夫，米价又涨了两文！这种事很多，闹出了人命，街上发一声喊，就把那碓坊捣烂，为首的听闻已抓进了县衙门，是个皮匠。

他们还要打戴义顺，戴老板就喊起没天冤枉来，说"怪不得我，涨价跌价，都是鳌山庙总局定的"！大众就将戴扭到鳌山庙巡防总局。总巡官姓周，见势不妙，飞请善化县郭大老爷出面，好说歹说，答应次日中午平粜谷米，闹到三更，才各自散了。

第二天，初四，早饭刚过，众人又闹了起来！这次郭大老爷弹压不住，只好派人上禀抚台衙门。听说此时闹事的人里，已经混了会党！还有人在街上贴了揭帖。抚台老爷一听见如此说，就命敝亲赖公率兵去平息风潮。

敝亲当日言道：他也知道饥民可怜，不愿前往。当不得岑抚台一再威逼，说什么本抚一力保举你当巡警道，养兵千日，用在一时，理当感激驰驱，再推三阻四，小心顶子不保！敝亲职责所系，只好勉为其难。因为闹得急，敝亲尚未用早膳，南城巡警分局巴结上司，准备了几盘点心，不料被乱民看见，大呼我们饭都没得吃，官老爷还在吃点心！一哄而入，把公案打得粉碎，点心踏得稀烂，群情汹涌，难以遏阻。敝亲眼看乱象已成，只得避进分局，打德律风（电话）到抚台衙门去请示办法。开头抚台老爷不理，打得急了，反而大骂敝亲，叫他"刁民无状，从严惩办便是"。

外面都传说，敝亲说了句"一百钱一碗的茶有人吃，八十个钱一升的米就嫌贵，非办人不可"，才引起了骚乱。敝亲当日躺在病床之上，流着泪对敝人讲：我也是三湘子民，哪能说得出格样的话！这话是岑抚台在德律风里说的，他说湖南人混账，茶楼的茶卖一百个钱一碗，有人吃，一升米才卖八十个钱，倒嫌贵，真是不办不行。敝亲说，当时在抚台衙门的人都听见抚台老爷说这话，不信你先生可以去问。

那日就如此闹了起来，众人一哄，冲进分局，将敝亲抓住，吊在树上，只吊一只手一只脚，喊说是"吊半边猪"，然后就有人推搡，有人打耳光。两位先生想想，敝亲是过七十的人了，哪里吃得这般苦头？好在小婿就在修业学堂，离那里不远，听得人说，忙叫了两个同学一齐来看。到地头一看，哎哟，祖父吊在半空，几个亲兵呢，不敢上去救，远远地看。不怕两位见笑，小婿脑子是很灵的，他就教几个亲兵，脱了号衣，从人群里钻进去，先上去打敝亲一个耳光，骂声"老不死"，然后向众人道：我们拖他去见抚台，治他的罪！众人觉得有道理，都喊"要得"，这才弄块门板，一溜烟往抚台衙门里跑。

众人先时还乐呵呵跟着后面，哪知门板一抬进去，大门就关上了。众人被挡在外面，哪里肯依，鼓噪着要见抚台，岑抚台当然不肯出来，众人焦躁起来，就把抚台衙门烧了。

敝亲捡了一条命，但也被岑抚台参了一本，说他身为巡警道，职司公安，却弹压不力，加剧风潮，理合参办。可怜敝亲，现在还躺在床上，缓不过气来，只是跟我们几个至戚说，岑老五不早办平粜，激起民变，却要他来背这口黑锅！敝亲年过七十，去年因几次风潮，被咨议局大肆弹劾，早有辞官之意，不想走得晚了，几乎弄得性命不保。访员先生，我不是袒护敝亲，那日抚台衙门外，大家都听见的，众人喊的是"长沙人不要岑春蓂当抚台"！你们做了文章，登在报纸上，总要替敝亲辩辩冤，还他一个清白才好……

我们出了茶楼。我问老颜：

"余介卿虽然说得清楚，毕竟太回护赖道。不过此次风潮，祸首是岑老五，外间舆论都是一致的……他刚才说闹事时有揭帖出现，你见着没有？"

"嘘！到代派处再说！"

他神秘兮兮地把我让进了里间。"头一二张揭帖，我没有亲见。听人说，是一张四言、一张五言，说什么'中华十八省，一概尽归姜'，还有什么'丕汉元年'的落款……后来我就留意街上，被我收了一张……"

"哦，快拿来看！"

"噤声！莫教外人知晓！"他往门外张了张，才打开一个妆盒，拿出一张折了四折的纸来。

纸是黄色的粗纸，上面的字很大，不是用墨，而是用炭条写的。我让老颜注意着外间，自己把揭帖拿到窗前细细地轻读：

钦命二品顶戴署理湖南分南路总督曹，为出示晓谕事……照得，近来米价昂贵，贫民难以投生。各署狗官不知饥民受苦，种种告示，从不题起米价太高，迎接洋人尤如中元接祖。倘饥民求食，动辄带局办，我兄弟六人来湘住有数日，见一班狗官奴隶个个不容，兄弟商量将狗官一概撤尽，想个主意，焚署局及教堂。要除狗官，非此不可。主意已就，不到两日成功，都只为保全贫民起见。我兄弟六人暂时回去。夏季到，骑青马，是日兴兵。特示。

我有些兴奋，又有些惶恐。"老颜！看来，真的要出大事了！"

"明天有船回武昌，要订票吗？"

"开什么玩笑，我在这里等……武昌，武昌又不会出乱党！"

四、余波

京师的五月节总是特别热闹。这些年来，几个相熟的同乡京官，轮流做东。今年轮到黄，他的寓所在烂缦胡同东头，戊戌年掉脑袋的谭复生，当年就住在他家隔壁。

黄家布置得很有节味儿。一进大门，两边都插上了蒲剑和艾虎。进了院子，大北屋门上贴着两张黄纸朱砂的天师符和钟馗像，客厅茶几上点了两根红烛，摆着一盘核桃酥饼，上头印着五毒，还有好几碟子的红樱桃、黑桑葚、白桑葚。

"咱们先就着果碟、冷盘喝酒。"黄高兴地搓着手，"待会再吃粽子，有赤豆小枣的，也有嘉兴粽，肉的。"

高兴归高兴，喝着喝着，还是免不了说到家乡的乱事。

"前日看《时报》，长沙乱事已经平息，但宁乡、益阳，各地会党相继而起，虽然署湖南巡抚杨文鼎死命镇压，仍收效不大，兵来匪往，吾湘民众大受困扰，唉！"

"那些都不算什么……"

"那什么是大事？"黄的眼睛睁得溜圆。

罗竖起两根指头："一、事情闹得那么大，咎由谁负？责归何方？这是朝廷头痛的事情……二、烧了衙署、学堂，还好说，烧了领事馆、教堂，洋人不依不饶，如何赔偿，从何赔偿，定当大开谈判，大费周章。子芳，你说呢？"

彭点点头："杨文鼎在省城用了霹雳手段，赖子佩指认一个皮匠将其绑于树上，他当时在皮匠手上咬了一口，于是凡手上有伤疤的，尽数搜拿。赖道又说领头的有个癞子，于是长沙城内，这几天一个癞子都看不见，大牢里下了几十个癞子！听说杨对身边人说，不杀不足以立威……大约民变暂时可以平息，善后倒的确很棘手……"

"湖南咨议局局长谭延闿二十四带头上奏，说'湘乱由官酿成，久在洞鉴，事前湘绅屡请阻禁、备赈，有案可查'，不赞成分罪士绅，这怎么说？"

"湖南绅权顽重，谭组庵当然这么说。"罗鼻孔里哼了一声，"朝廷已有批复，咨议局职司立法，不宜干预地方政事，等于是驳回了。"

"朝廷这话说得有些失当。"我抿了一口雄黄酒，"咨议局代表一省之舆论，怎么能说与地方政事无关？我瞧如此内重外轻，恐怕正是动乱之源……先不说这个，子芳，赔偿的事谈得么样了？"

"部里正跟各国使团在核算呢，诸位想想，不单是损毁房屋财物，还有军舰出动，转送难民……哪一处不给你算进赔偿里去？开埠七十年来，这种事变，可有我国占着便宜的？"

饭桌上，气氛一时很低沉。

倏忽又是一个多月。不出所料，湖广总督瑞澂、湖南巡抚杨文鼎会奏的折子，对地方文武多有维护，对士绅则大加打压。岑春蓂，还有藩台庄赓良，定的交部议处，赖承裕，还有盐法道兼长沙关监督朱延熙、长沙协都司贵龄、左营守备周长泰、消防所长游击龚培林、警察委员知县周腾，一并革职。而长沙士绅王先谦、叶德辉、杨巩、孔宪，即行革职，"从重治罪"。折子还说"现值朝野筹备宪政之际，正官绅协合进行之时，如任听此等劣绅，把持阻挠，则地方自治，恐无实行之望"。

"这是敲了谭组庵他们一记闷棍。"黄笑着跟我讲，"筹备宪政，地方自治，湖南闹得很凶，朝廷这次算是给他们一点苦头吃吃。"

"这没什么道理，据各报及奏折上所述，三月初三，因善化县郭令许次日平粜，人众已然散去，但巡警捉拿滋事人刘永福一名。次日民众复聚，索还被捕之人。巡警本来已有松动，但巡抚岑春蓂申饬巡警道赖承裕，说被捕之人，一经聚众要挟，便准省释，政体何在？不仅不准释放，反要严加弹压，这才酿成民变的呀！官惹出来的事，却要士绅来分责……"

"朝廷当然要对地方官吏曲宥一点，你听说了吧？此次赔偿，由湖南与各国领事就地议决。湖南奏闻，要向大清银行借一百二十万两银子，分三年还清本利。"

"这事准了吗？"

"不准能怎么样？朝廷又没有金矿银矿，外务部都不管了。最后，不还是着落在杨文鼎这些人身上？"

"笑话！真是笑话！"彭一进门就大声嚷嚷。

乱世的日子过得真快。一转眼天热如炉，一转眼又秋了，再一转眼，雪已经下了一寸多厚。

我们都等着听什么笑话。但总得让人摘去大帽子、护耳，脱下大衣服、换皮袍，再到炉边暖暖手，喝杯酒祛祛寒不是。

"还记得五月节吗？那时我就说，善后的事棘手，果然！从五月谈到现在，德、法、美、日、挪威五国都议定付款了，只有这该死的英吉利，始终定不下来，几个月下来，部里的堂官都换了两个！"

"究竟是卡在什么环节上呢？"几个人都很关心此事。

"还不是争多竞少，讨价还价。外务部就像个捎客，在中间斡旋调解……我这不是开玩笑，英国领事开出的照会，价码是五十三万七千两，这个数目比德、法、美、日、挪五国的总和还多！虽然英国出动了军舰，毕竟不是他们跟中国打仗，这里面定有浮领，照会里也没有详列损失清单……哪知杨文鼎给部里来电，说经双方调查核实，英方损失超过五十四万，英国已经通融了不少，而且付银只需平色例银，不需足色纹银，等于英国已经做了让步！"

"地方官愿意吃这个亏，外务部不落得顺水推舟吗？那又有什么枝节？"

"嘿嘿，所以说是笑话啊。杨文鼎给部里的电文里说，其余五国都顾念邦交，在要的数目上，有的打七折，有的打八折，赔英国的款子呢，不指望折扣那么大，希望给个九五扣总可以？谁知谈了许久，英国领事坚持说要公使同意才可以，于是湖南打电报要外务部帮他们去给英国公使谈，看能不能九五扣偿付……"

"那是多少？"

"大概五十一万多吧……部里很为难，这事师出无名哪，要是你说英商浮领，可以据理力争，现在承认人家报的都是实情，却又无端要求打个折扣……诸位知道，英国人最难讲话了……"

"到底帮他们去讲价了没有？"

"搁了三天没动，杨文鼎又来电报催问，说年关将近，商人急需现款，这种时候还债，一般都可以打个折扣，想必英国人也是这样……而且英国领事出示照会时曾说，不能多减，那末，少减或者可以？……就是这样一派说辞，部里被逼得没法子，只好给了英国公使一个照会。"

"结果呢？"

"结果是不行！英国公使当面说，他们的赔款数额因为太低，曾被英商在本国提起控诉，指责他们不为侨民争利益，现在万万不能再减，如果湖南一再迁延，那两国就要翻议。话说到这般田地，部里只能原样回复长沙了。"

"长沙怎么说？"

"还说什么，吓得屁滚尿流。今天来电，说全款已经照汇到汉口银行。这事就算结了！"

"这么说还算圆满？"

"圆满？嘿！"彭的眼神里夹着怨愤与担忧，"银子进了洋人的口袋，湖南地方上呢，立时就得开始还第一期借款，本息照付，转过年来，长沙的米是不是要更贵？湖南真的像杨文鼎说的，'人心大定，地方绥靖'了吗？"

雪簌簌地下得更大。那是宣统二年（1910）的腊月十四，还有十来天，就该祭灶、封印、过年，宣统三年已经不远了。

邻国大地震，
中国该不该援助？

　　民国十二年（1923）的日本大地震，离现在还不到十年，诸位想还记得？那是9月2日的早上，我起得有些晏，人还未离床，已经隔窗听见外面报童的叫声：

　　"新闻！特大新闻！日本史上最大地震！日本大地震！《申报》……《新闻报》……"

　　我那时在上海的中国红十字会有兼职，一听此讯，知道我们紧张的时候到了！立即起身，匆匆洗漱，叫了辆黄包车，径直前往光启路的总办事处。

　　路上从报童手里摘了几份报纸看，才了解此次日本地震，非同小可，据估有里氏七点九级，也有说不止，还在八级以上。地震引发了海啸、火灾和泥石流，东京、神奈川、千叶、埼玉、静冈、山梨、茨城不为火域，即成泽国。

　　黄包车来到总会，我一路冲上楼去，正巧迎面碰到总办事处的理事长庄得之先生。庄先生一见我就说："是次日本震灾，受困华侨学生不少，我们已经决定派出救护医队，过几日就出发。"我当即问："是否要我收拾前往？"他摆摆手，说："不必。此次我亲自带队，少带办事人员，可以多带药品、病床、帐篷一类物事。"

这是中国红十字会自1905年成立以来，头一次派出医护队援外。

9月6日，上海中国协济日灾义赈会成立，决议派出二十五人组成的救护队。北京总会也于是日来电，称总会也将组织救护队，刻日出发，并要求各埠分会，设法凑集款项，汇总到上海总办事处。

7日，各地分会的第一份复电来自南京，分会会长于恩绶称"时局艰难，劝募不易收效"，他个人先捐款一千元。

9月8日下午7点，救护队登上"亚细亚皇后轮"。救护队中除了理事长庄得之、医务长牛惠霖，还有五名医生（含女性一名）、看护生十二名（含女性四名）、日文顾问一人、会议一人、英文书记一人、差役四人。轮船于夜里11点启航，直驶神户。

此前几天，我做的事主要是致电北京交通部，要求发给红十字会免费电照与免费车照，以便交流讯息与运送物资，获准。再就是致电上海护军使，要求神户中国领事馆帮救护队找寻寓所。他们回电说可以。

9月12日，救护队来电说，安抵神户，并已与神户中华会馆接上头。紧接着，第二天中华会馆来电，第一批中国难民六百二十八人，已乘"熊野号"出发，计划17日到沪，请求接待。两天后，他们又来电，由汇丰银行汇上银圆三千一百四十元，请代为发放给难民，每人五元。

只有五天时间，整个义赈会都动员起来。通知各医院准备救护车、病房，通报租界巡捕房要求协助维持秩序，通知工部局卫生处准备消疫。

17日，首批难民准时抵沪，停在三菱公司码头。除了宁波同乡会、广东会馆、福建同乡会将本省同乡接走，还有在上海有亲友可投靠的，其余人都由红十字会用汽车送到各招待处，路费也各自发放不表。

自此之后，载着中国难民的船只几乎无日无之，到10月18日为止，到沪灾民共计六千四百二十一人，另有男学生三百四十九人、女学生十六人。

我印象最深的是9月21日那天。上午，我跟着红十字会的病车前往汇山码头，接"日光丸"，上面有中国难民五十余人。医生仔细检查，没有生病的。下午，又跟着病车往汇山码头，接"千岁丸"，上有中国工人、商人、学生六百余人。学生中有云南人戴鸿猷患病，由病车送往北市医院。同船还有许多日本难民，其中有位妇人，在途中产下了一名男婴，她也由本会病车送往大东门外旅馆。

就在那天，收到在日救护队的庄得之先生拍来的电报。

上面说，自救护队到日后，主持运送中国难民返国，现在东京的中国商人和学生还有两千五百余人，而日本船只缺乏，租借困难，而且地震后水道变更，船小风大，非常危险。希望总办事处速商招商局，派出该局吨位最大的"图南""太古""怡和"等轮船往横滨接送中国难民。

这封电报我不敢怠慢，立刻转发给招商局董事会，请他们"勉力调拨"。24日，接到了招商局的复函。上面说，拯溺救难，不敢后人，只是局里航海轮不及二十艘，又正碰上秋冬百货旺盛之时，轮船本来就不敷使用，又如何能顾到营业外慈善之事？地震之初，本局董事会经过讨论，曾派出天津"新铭轮"往日本一行，以表寸心。局里很多人反对，说本局轮船吨位太小，日本水道变迁，派船太危险，董事会力排众议，但也只能将船派到神户，不敢开到横滨。"新铭轮"往返用时两周，去的时候运送救灾物资还好，回来的时候只有难民，没有货物压舱，下轻上重，幸亏没有遇到大风，不然后果不堪设想。

后面是一大篇账目："新铭轮"往返两星期，计少收入一万五千两，多支出三千余两，载回的难民，又负责将他们免费运送回原籍。一进一出，损失又超过一万元。信的末尾说："当此航业竞争时代，金融异常枯竭，虽此区区，尚不后人，然对于灾情，仅至杯水车薪。遂已筋疲力尽。"

总之是一句话，不能派船。

10月11日，红十字会赴日救护队回到上海。负责人庄得之席不暇暖，立即赶到总办事处报告。

这次救护队在东京，共从事救护三星期。主要驻扎在东京赤十字社医院中，该院平日有病床四百五十具，地震后又增加了四百具。中国红会救护队负责其中四十床——都是些火伤或压伤的重病人的医治。此次在日，双方医护人员感情极为融洽，救护队6日离日时，赤十字社全体人员冒雨到车站送行。救护队没有用完的药品器具，约值五千元，都留给了赤十字社，还有一张四千元的支票，作为中国红十字会救护队的捐款。本队此行，共用款一万七千元。

庄理事长还说，目前留在东京的中国人，大概只有千把人，其中留学生三百余人，都是经过救护队联系劝说，自愿留在日本的。中国救护队的宗旨，首先是疗治、救运遇灾同胞，其次才是援助友邦。照目前情形，已完成在日任务，故此开拔回国。

救护队回来了，捐款仍未停止。各地分会仍有捐款汇至，不过连年水、旱、匪、兵灾，各地民众实在无力募捐，一般都是会长副会长自己掏腰包，多则十元，少则五元。毕竟中国各地也还在闹灾，援助日本，多少让一些人想不通，即使有万国红十字会向各国红会发出的号召。

洛宁分会的来信很含蓄地说，救济日灾，应当"首重吾华侨民"。新野分会就说得更直接，同人捐款五十三元，"此款不愿助赈日人，极愿助赈被难华人"。看到这些来信，真说不清心里是何滋味。

10月下旬的一天，一位红十字会的职员匆匆地拿着一本刊物走来，向我说："这里有篇文章，盛先生一定还没有看到，我特为带来给您看看。"

那文章的题目叫作《东京》，作者开头就说，他多么惋惜自己没有在东京再待两年，以致坐失了这样千载难遇的机会。他回忆旅居东瀛时，"东京的火灾是怎样富有诗意"，"我可以这样说：假使我喜欢日本，那是因为我喜欢她的地震与火灾"。

接下来的话，大概是引起我的同事不安的缘故："至于我们的穷寒的政府居然像孤注一掷似的，把最后的一个铜板也拿了出来充账；与我们各界的名人一个个手持人道主义的旗帜，也一沐三握发、一食三吐哺，忙着筹荒，他们目的究在哪儿，虽非我这种愚昧的头脑所能想到……"这是一个对日本怀着仇恨的人。我翻到文首，看那作者的名字。

"成、仿、吾。成仿吾是谁？"

"谁知道？"同事耸耸肩，"左不过是上海滩的穷文人，安那其（无政府主义）一流……"

我低头接着看下去，作者还在尽情想象地震的"诗意"，尽情描绘着：

"地震时的光景如像在我眼前。我们的不忠实的船儿，忽然作怪起来了。摇荡，倾斜，覆灭，警愕的叫喊，这是何等醉人心魄的活动影戏！狂奔，脱险，呆立，号哭，这又是何等催人沉醉的情景！我如适逢其盛，我定蹒跚而奔，教男人用白布缠头，提起木鞋飞跑，教女人卷起长袍，露着腿儿乱窜，于是我将自造一种解释，当他们在酣醉而轻歌妙舞；看花时节的猖狂，当能助我证明我的观察之不误。"

我又想起救护队员对我讲述的东京的惨状，洛宁分会与新野分会的来信，那种难言的滋味又一次涌上心头。

11月28日午后六时，中国红十字会、上海总商会等十个团体，假座宁波同乡会，公宴日本来华道谢代表团。大家推举我代表众团体致辞，因为我既是红十字会的副议长，又兼了中国协济日灾义赈会副会长。江炼白先生担任我的日语翻译。

我先客气了一番，再说道："今日鄙人得有一种感想，要想对日本国诸来宾说了，只恐言多失当，还请原谅。

"今日敝公团设筵公宴，实因诸代议士远道而来，尽一点地主的意思。若诸代议士提起谢赈来，敝公团万不敢当。我中日两国本兄弟之邦，休戚相关，日本大灾，敝公团往救亦应尽之义务。日本国人民推举代表来华道谢，是最亲爱的兄弟，反觉疏泛。是以鄙人以为不但无可谢，且亦不必谢！"

哗哗哗哗，满堂彩声。我看见庄理事长也微微颔首。但他们不知道，重要的话，在后面。

"今日的宴会，实中日两国人民结合的好机会。鄙人以为不可作为普通交际看待。盖中日两国人民，近来感情日形薄弱……"

有些人的瞳孔放大了，有些窃窃私语开始飘扬，还有人开始干咳。

"推其原因，一由于两国政府互相利用，私自缔约，不顾人民利害，哪知中国人民的智识程度，与以前大不相同，往往因我政府压制，发生对方误会。这是感情薄弱的一个原因。

"另一个原因，是两国人民性质微有不同。日本国人民，敦厚者固有，而精明者居多。凡权利所在，尽力竞争，往往不肯为中国人民稍留余地。各位想想，中国自海通以来，对实业之发展、商务之振兴，不知牺牲了多少精神、多少金钱！如果他们的利益，因为日本的竞争，不能保全，心何甘休？这两种感情薄弱的原因，两国人民，人人知之，但并未直接谈判。希望诸代议士回国后，将我的意见告陈日本国政府，将与中国政府缔约，应当先听取中国人民舆论。以前所缔的约定，如果有伤中国人民的主权，务请从速废除。并劝告日本国人民，凡对中国商业上关系，当推诚相见，互相扶助，幸勿因有利可图，不顾交谊……鄙人以为今日的宴会，于我中日两国有莫大关系，请诸位明赐教言，并祝诸代议士贵体健康，公毕回国，一路福星！"

我说完了我要说的话，会场静得有些可怕。但很快，哗哗的掌声从四周向我涌来。掌声中，日本代表团主席臼井哲夫起立答辞：

"此次我们前往，是以超政府超党派之代表日本国民的资格，纯为表达日本国民感谢中华民国赈济日灾之盛意。今日作为两国邦交之新纪元，两国国民之亲睦融洽，永久不渝，全无可疑。盛先生所述高见，与诸位之厚谊，我方将带回东京。中国诸君对于日本之希望若何，欲求其明了，今日实乃最好之机会。有一点要请诸位原谅，日本国的对外政策，已由国民自由确定，很难再实行旧式的对华积极政策。但说到互相尊重主权条约及国际信义，谋图两国永远之隆盛与幸福，日本的诚意与势力，绝不后于贵国。谢谢！"

那天可以称得上是宾主尽欢。可是我们才得知，在这场大地震中，四千名在日朝鲜人、几百名中国人，并非死于天灾，而是因为"日本社会受虐待的朝鲜人要趁震灾这一千载难逢的良机反击日本人"，以"针对不逞之举，保护罹灾者"的名义，死在了日本军队、警察和自发组织的日本民众之手！

而十年以来，国事日非，日方步步进逼，中国步步退让，大好河山也许就快不是我们的了。

现在回想那日的宴会，慷慨激昂也好，温文雅礼也罢，都更像是一场笑话。

不过我可以告诉诸位，我从未后悔过民国十二年的参与救灾。

· · ·  · · ·

第四辑

名流逸闻

八卦之心，古已有之。
衣不如新，
瓜不如旧——阳光之下，
没有新瓜。

低到尘埃里的张百熙

扑通一声，张大人跪在地上，朝珠哗啦啦地一阵响。吴先生连忙站起来，侧着身子，表示不敢当。但是张大人长跪不起。

跪拜礼久已不兴，求婚时偶尔一用。胡适见溥仪，虽然口称"皇上"，但只是握手而已。近代只有两次跪，让人不能忘怀。一次是黄侃为了传刘氏经学，拜刘师培为师，行三跪九叩大礼；一次是张百熙的下跪。

张百熙字冶秋，京师大学堂第一任管学大臣。戊戌新政中，唯一被西太后留下的，就是这个大学堂，连她也知道再不办教育国就要亡的道理。让张百熙当管学大臣，算是选对了人，易宗夔《新世说》称其"爱才如命，顾不喜善诣者"。曾经有一个年轻人，很为张所看重。张的宠妾生了病，这个年轻人居然在家里设香案，为张家姨太太祈祷。张百熙听说这件事（一定是年轻人故意放的风），叹息道："我本来很爱他的才，但是我没想到……"后来就渐渐疏远了这个佞人。

张百熙来管大学堂，第一个问题就是请谁当总教习。他看中了桐城派大家吴汝纶。后来的新派如胡适，是不大看得起"桐城谬种"的，可是胡适也承认，最负盛名的桐城派三大家俞樾、王闿运和吴汝纶中，吴"思想稍新，影响也稍大"。"稍"是什么意思？严复、林纾都是吴汝纶的弟子。"并世译才数严林"，这两个人以古文译西方名著，对近代文风影响之大，只有梁启超可以比肩。

张百熙去请吴汝纶。吴年纪已经很大了，不肯应聘。一而再，再而三，张百熙竟然当场跪下，非要吴汝纶答应不可。且不说当时张百熙是朝廷大吏，吴汝纶只是一介文士。就是搁现在，一位大学校长要请一名教导主任，有这样干的没有？"爱才如命"四个字，到位。

张百熙这一跪，实际效果几乎为零。吴汝纶虽然答应了当总教习，但是要求先到日本考察，考察完回国就生病，死掉了。对于京师大学堂，吴汝纶没有实质上的贡献。但是我们总该记得燕昭王千金买马骨的故事，张百熙继请的总教习张鹤龄，也是古文名家，而且对学生极好，五十年后，去思犹存。

张百熙这样的校长，总算是难得了。从热情和能力来说，他不逊于蔡元培，但是，他实在没有蔡元培那样的机遇。学生闹着要"伏阙上书"，西太后马上把张痛骂一顿，并派荣庆（此人极昏）来会办学务。他的继任者是晚清第一能臣张之洞，也没能办成什么事。形势比人强，自古皆然。难怪大学堂第一届毕业生邹树庆感叹道："我们现在人知道景仰蔡子民先生，而忘记了张冶秋先生任管学大臣时代创办之艰苦，实在比蔡先生的处境难得许多呢！"

最文艺和尚的狗血人生

我们都叫他和尚。这个人从小丧父，他的母亲是他父亲在日本时娶的，他父亲死后，为正妻所不容，只身回了日本。剩了他孤苦一人留在广州，才十二岁，天天去慧龙寺玩。慧龙寺的长老看他伶俐，索性收了他做弟子。不过他这个和尚做得野，肉也吃，见到年轻姑娘也会笑，还做诗。

他原本是有老婆的。他父亲曾给他订下一家财主家的闺秀。当然，爹一死，两家就断了音问。故事发展到这里，已经很像一篇小说了，所以我们可以肯定，他和某家的小姐，一定还会有再见的一天。

他到了十五六岁，能够出门了，就想去日本找他的母亲。可是钱呢？他乳母的儿子是在广州市场上卖花的，他也就跟着去卖花，凑够了钱才能东渡。以下的情节，看多了言情片的观众都能猜到，他遇到了小姐家里的丫鬟。丫鬟当时不敢认他，悄悄回去叫小姐来。

"你虽然已经剃了光头，但还是那么唏嘘坎坷的一个卖花王子。我怎么可能认不出你呢？"小姐的哀怨一如《国产凌凌漆》中的山水有相逢。他用竹笠掩着头，"小姐你走吧，我家变至此，早已断了尘世的俗念"。当然，最后他还忘不了祝福小姐，早日找到一个如意郎君。

小姐当然也不会放弃当一个痴心女子的机遇，她泪水涟涟地责怪他小看了她的贞节，发誓她会一直等他回来。为了加强她的表白，她将贴身的玉佩送给了他，好让他换钱做旅费，去日本寻母。

他去了日本，找到了母亲，也碰上了几个爱他的女子。据他说，他都以家乡有未婚妻为由推托掉了。因为没有证人，我们只好相信他的话。至于他送过她们一些情诗，什么"恨不相逢未剃时"，那算不得什么。

可是当他回到广州的时候，小姐已经去世了。这是必要的，一个荡气回肠的爱情故事，没有死亡和伤悼是不可想象的。他伤恸无已，就加入了革命党。那个时候的人一失恋就去参加革命党，不能以身相许，就以身许国，比如《玉梨魂》里的梦霞。

以上事迹被他写成了一篇著名小说，足足有一百回，还给每回都配了插图，连载在《太平洋报》上，想必你也读到过。后来想出版，也没钱。孙中山夫人赞助了他八十元，但还是不够印书。所以，一直到他死后，这部小说才收入了他的文集。

他死之前，寄信给广州的老友萧纫秋，信上只画了一个鸡心，旁边注明"不要鸡心式"。谁也不懂是什么意思。萧纫秋毕竟是他的好友，叹着气道："和尚就要死了。他大概是想托我在广州买一块玉佩，好戴着去见他地下的未婚夫人吧。"

玉带到上海，和尚已在弥留之际。护士说，他好像在等着什么。玉送到他眼前，他强撑着用手把玉放到唇边，亲了一下，嘴角挂着甜美的笑容。镜头定格，和尚大归矣。

好啦，我也把你们恶心得够了。但是你要相信，有些人是可以用一生来演一部悲情长剧的。别人做不到，是因为他们不是和尚，也不叫苏曼殊。

汪先生在狱中

现如今的世道真是不同了。像这位汪先生，意图刺杀皇上他爸爸、摄政王醇王爷！要搁早几年，凌迟，灭九族，都不为过。怪了！上面不但不杀这姓汪的，还好酒好菜地把他供着。外面都说醇王爷宽宏大量，我看哪，多半是醇王爷心虚，知道大清朝长久不了啦，不敢得罪这班革命党罢咧。

汪先生，您起了？坐，请坐。今儿个左右没什么事，我再给您说几桩这座刑部大狱里的事儿。也好给您解解闷。我在这儿也混了小三十年，什么人没见过哇？王侯将相、达官贵人，是英雄是狗熊，一进这刑部大狱的门，就全看出来了。

您看见对面那几间房没？那就是戊戌那年关谭大人、刘大人、杨大人……他们六位的。那时候，谭大人最坐不住，整天在屋里走来走去，捡地上的煤渣，在墙上写字，写得满墙都是。说是诗，可惜我一个字也不认识。他们恭喜那天，有个司官抄了几行，听说外面很多人都在传。是罢？几位里，最可惜的是林旭林大人，长得模样式好，跟大姑娘似的，死到临头，还成天笑微微。那个康广仁就不成了，听说还是康有为的兄弟，一进来，哭声就没停过，老拿头撞墙，偏生又撞不死。

再早一点，左边第二间房，关过甲午年跟日本打仗打败了的叶志超叶大人和龚照屿龚大人。龚大人最有派头，一进来就赏每人五十两银子，之后陆陆续续，堂官、司官、牢头，还有我们，怕不一总花了上万的银子！火到猪头烂，钱到人情转，他在牢里，比您还享福呢。八个小老婆，轮流进牢里来侍候着，稍有冒犯，就是剥了裤子打！那段日子天天都听见牢里妇人号哭。嘿嘿，龚大人打姨太太，那可真是牢里一景儿。

内务府总管大臣立山大人，据说是贪的钱太多，给抓进来的。进来后天天盼着外面救他出去，一个劲儿地打听消息。带着一百多张金叶子，有人报一个信儿，就赏一片金叶子。那会儿兄弟们可肥了。最后还是挡不住要出红差（斩首），一听见这信儿，金叶子也没赏，当时从口袋里摸出一小块，听说那叫鹤顶红的东西，塞到嘴里。最后报信这位兄弟可就什么也没捞着。

最恨儿的是，咱们这儿的女监还关过大名鼎鼎的赛金花赛二爷呢！她关在这儿，好家伙，来看望的大小官员，就没断过。她不是嫁过苏州洪状元吗？有的大人是洪状元手上取的，一见到赛二爷，屈膝请安，口称师娘。我活这么大，没见过朝廷命官管婊子叫师娘的，哈哈——哟，提人的来了，大概是过堂……汪先生，您请……小的叫刘一鸣，您回来咱们再聊！

马君武打了宋教仁一耳光

"建都的事情已经讨论了一个多月，还是没个结果。前天孙大炮，唔，现在还是临时大总统孙，向参议院递交的咨文说：政府地点设在南京，是各省代表所议定，不得更改。所以袁世凯要想当大总统，必须到南京来就职。"

"定都南京，甭说北边不同意，这帮老革命里就有人不同意！"

"谁说不是？也是前天，章太炎在《时报》上写文章啦，说什么迁都南京有五大害处，一旦袁氏南移，北方就会土崩瓦解。他还说，革命党在这个问题上是争意气，是'鄙夫倔强之谈'！"

"他说的也不是没有道理。而且老袁不肯离京，南方有什么法子？"

"听说有人提议，干脆让黄兴黄克强带兵北上，以迎袁为名，把北洋军收拾掉！"

"哼，就为这事，还闹出了一场风波。"

"哦?"

"党内第一个跳出来反对的就是宋渔父（宋教仁），他说亲自到北方看过，北洋军重兵把守直隶、山东，我军怎么可能北上？话音未落，'啪'的一声，脸上就挨了个大嘴巴子！"

"是谁如此野蛮？哪位将军?"

"什么将军，广西才子马君武！他一巴掌打得宋渔父左眼流血不止，还大声骂他给袁世凯做说客，出卖南京。最后还是孙大总统当和事佬，让两人握手言和。不单如此，昨天参议院投票决定建都地点，二十八票，居然有二十票主张建都北京，投南京的只有五票。这事儿把黄克强惹火了，他叫来身为参议员的同盟会员，拍着桌子骂他们为袁世凯张目，声称：议会必须在今天12点翻案，不然他要派兵冲进参议院，把议员们统统抓起来！"

"这……这不是开了武力威胁议员的先河吗?"

"更糟糕的是，今天议会重新讨论此事，竟然以十九票对八票，决定临时政府仍设南京。"

"嗬，我以为此举不智。临时约法墨迹未干，革命党魁怎么能干出这种事情呢？黄克强不想想，你自己带头破坏议会独立性，将来议会还有什么威信可言?"

"说是要派蔡元培等为专使，去北京迎袁世凯南下。嘿，北京是人家的势力范围，老袁死不挪窝，你拿他有什么辙？折腾了半天，背个威胁议员的骂名，还不得让老袁在北京即位?"

"是喽！"

张勋宠妾换回了九十四节火车

他是那种在历史的长夜中若隐若现的人物。那些和他擦身而过直接走进历史的人，是他点烟的火柴。哧的一点亮光，让我们一瞥他凑近的面容。然后，一切又沉入愈来愈浓的黑。

有多少人听过徐绍桢这个名字？当这个广东人接掌江北提督的时候，清廷气数已尽，乱世将至，多少枭雄在他麾下军帐中蠢蠢欲动。徐绍桢每日巡视大营，却想不到清晨吹响军号的号兵孙殿英，日后会炸开高宗纯皇帝和孝钦太后的陵墓，也想不到第四标那个满脸横肉的士兵张宗昌，会成长为"不知兵有多少、钱有多少、妾有多少"的狗肉将军。

我也是偶尔才听闻关于他的一鳞半爪。

辛亥年，孙中山就任临时大总统，徐任南京卫戍总督。南北议和后，孙中山为了酬功，送给他一百万公债。徐绍桢用两万元办了一份《民立报》，用一万元遣散沈佩贞等人的"女子北伐队"，其余九十七万交还孙中山。孙中山说，你可以留着这钱搞政治。徐说了一句豪言壮语，他说："有钱的人不能革命。我还要追随您继续努力，所以不能有钱。"——我仔细地看了看手中书的封面，确实不是《徐绍桢纪念集》一类，姑妄信之。

津浦路陶局长回忆：徐率部起义后，统兵进攻驻在南京的代理两江总督张勋。城破之后，有人来报，在下关截获张勋宠姬小毛子。徐绍桢很奇怪：抓一个姨太太干啥？莫非要逼张勋当吴三桂？众将官上前禀报，听说张勋非常宠小毛子，每天都到她屋里几趟，而且，这个小毛子漂亮得不得了，大家都想饱眼福，请都督公开审理，也顺便污辱污辱张勋这个清廷的鹰犬。徐绍桢不干。可是小毛子这事儿已经传得沸沸扬扬，有位名人专门打上海给徐绍桢写信说：既然不审，可也不能白抓，军饷匮乏，小毛子跟张勋之前就大有艳名，不如送到上海张园，收票参观，每票只要四毛。上海人那么爱新奇，一定万人空巷，到时候十万军饷唾手可得。徐绍桢不但不听，还决定派专人北上，把小毛子交还给张勋。

大家都不理解：我们不是革命党吗？张勋不是清廷走狗吗？咱们干吗对他怎么好呢？传出去不是笑话嘛！徐绍桢有他的道理：你们看看小毛子，那是一个标准的祸水哇，让她回到张勋身边，正好帮我们的忙——书中交代，张勋复得小毛子后，不但没有速死，又娶了两个小老婆，还抽空演了一场复辟闹剧。

津浦路南段陶局长觉得实在太亏了。他主动请缨，当送还小毛子的专使。陶局长很懂男性心理，他单身去徐州，回来带了一个车队！张勋一高兴，把抢走的十四辆机车、八十辆客车全还给陶逊。还是女人值钱，陶局长感慨地说。

徐绍祯退休后住在上海，几个老部下去看他。徐很高兴，在式式轩请大伙儿吃饭。赴宴之前，他把马弁叫来耳语了好半天。酒足饭饱，侍者送上账单，没想到徐绍祯盯着账单，满脸惊愕，半天说不出话来。大家看看不像样子，赶紧抢着付账，总算把尴尬局面化解了。

过两日，其中一位又碰到徐绍祯，都是老熟人，不免取笑一番。话音未落，旁边的马弁小周急得跳了起来，大声嚷道："那天我们都督给了我一件老羊皮袄子，送到当铺去当了八块大洋，打算好好请各位吃上一顿。谁知道你们那么能吃，一下子吃了十三块八角。你说咋办？你说咋办？"

唐群英结婚启事？假的！

湖南都督谭延闿，自打辛亥反正以来，从未像今日这样头痛。在公事房耗了大半天，连午饭都没吃。好容易人散了，谭都督踱进内堂，一面摘帽子，一面用手巾擦额头。春寒料峭，他倒急出一脑门汗。

"太太，这湖南的官不好当啊。"他忍不住向夫人发牢骚，"一边是本省女权领袖，一边是长沙官报主编，谁也不服谁，叫我这个都督夹在中间做磨心！"

谭夫人给他倒了一杯茶："听说今天是唐群英在前边闹？"

"唐群英你还不知道？那是女界革命第一人！去年本党成立大会上，就为了国民党不接收女党员的规章，冲上台去，给了秘书长宋教仁一个大嘴巴子！她回湖南搞女权革命，我就知道麻烦少不了，可没想到会出今天这档事！"

"那到底是什么事呢？"夫人也动了好奇心。

"说来好笑，前两天的《长沙日报》上，登了一则《唐群英郑师道结婚启事》，时间地点，说得有鼻子有眼的，谁料到，子虚乌有，完全没影子的事。"

"哎哟，那是不对，人家四十来岁一个寡妇，名节还是要的，怎么能造这种谣，往人身上泼污水？"

"唐群英带人找上门去。但是《长沙日报》主编傅熊湘不认这个账，说广告是议员郑师道直接送登的，他们对广告内容不负责任——郑师道，神经病！唐群英犯不着跟他淘气，就只好找报馆的晦气。"

"所以他们就闹到你这儿来啦？"

"嘿嘿，直接上这儿来倒好了！那些女子参盟会的人，可是省油的灯？傅熊湘一言不合，惹恼了她们，一声令下，打得长沙日报馆雪片也似，编辑室一塌糊涂不说，排字房的机器和字盘也全部打烂了。我在公署还纳闷呢，今日的报纸怎么还不送来……他们就吵上门来，唐群英要求报馆赔偿名誉损失，报馆要求唐群英赔偿经济损失。一帮男女在我这吵了一上午，吵得我头都晕了！"谭都督一口气喝光了杯中茶。

夫人小心翼翼地过来续水："这事儿……最后怎么说？"

"嘻，我也难办哪！做好做歹，从公署税款里拨了两千元给《长沙日报》，才算了结。"谭都督闭上眼，疲惫地仰了仰头，又睁开眼，"唐群英说，她们女子没有舆论工具，才会被人这样欺侮，她们要办一个《女权日报》，跟《长沙日报》唱对台。到那时，你再看好戏吧，太太！"

妓女们合葬了那个最酷的人

　　每个时代都有不为主流社会所容的畸人。他们是真正的边缘，一般人都瞧不起他们。像章太炎、熊十力那种佯狂骂世依然为世所敬的人根本不能算。

　　近世最著名的畸人大概是龚孝拱。他的父亲是大名鼎鼎的龚自珍。龚定盦先生据说是爱国的，而大家都说他这位公子是一个汉奸，理由？还要什么理由，众口相传，英法联军去烧圆明园就是这位龚公子带的路！

　　在人人都爱国的晚清，一个无权无势的人被指认为汉奸，意味着什么？龚孝拱一个人住在上海，取了个号叫"半伦"。因为孔子说人有五伦：君臣、父母、兄弟、夫妻、朋友。龚孝拱的意思是说，这五伦他全都没有了。但是他还有一个小妾，就算有半个伦吧。

　　龚孝拱的脾气很不好，喜欢翻着白眼骂人。人都说他不肖，其实这正是有其父必有其子，龚自珍在京师时，也是以使酒骂气、言辞刻薄著称。

说一个比龚孝拱小一号的。叶浩吾是上海一个老维新党，朋友们都说他是个老好人，规行矩步。叶浩吾的少君叫叶少吾，是当时最酷的青年之一。叶少吾在杭州时，有人从上海来，他总笑着问："喂！我们的浩吾，在上海搞得怎么样了？"子称父名，在帝国时代总是大逆不道的举动，但是他老子是个维新党，也只好随他去。

畸人大抵聪明。叶少吾到了上海以后，居然被他看到了一条发财门径。那时候《官场现形记》《二十年目睹之怪现状》正在热卖，叶少吾一转念：人家骂官，我何不来骂官的反面，笃定有人看。没两个月，《中国之维新党》出版，反正他老子是维新党，叔叔伯伯的把柄在他肚子里多着呢。维新党也的确不大争气，有诗为证："一般赫赫维新党，保皇革命都是谎，考其所为实事业，无非吃酒叉麻将，章邹诸子是痴人，莫再上当。"

后来叶少吾又到了北京。正是辛亥后开议会，四方贤杰，纷纷北上。上海许多名妓一看市场北移，也都跟着入京。其中一位花元春，刚在八大胡同住定，就得病死了。举目无亲，谁来葬侬？叶少吾站了出来，先声明：我和这位姑娘没有发生过关系。接着说，既然发生关系的客人不来葬她，我来负责殓费好了。消息传出，胡同里的姑娘，甭管南班北班，谁不挑起大拇指，赞少吾一声"有良心客人"！

好心有好报，叶少吾也没想到，才几个月，他自己也死在北京，也没人葬。这不是新闻，但是八大胡同的姑娘联合起来，凑份子给他办丧事，这就是大新闻了。叶少吾登上了各报的社会新闻版，名声传遍大江南北。不少文人大写挽联，什么"秋雨梧桐悲一叶，春风桃李泣群花"，也算死后风光。

群花理丧，自古以来，只有宋朝的柳永有这份幸运。据说各妓院还供了柳三变的牌位，四季祭祀。像柳永、叶少吾这样的畸人，除了堂子里的姑娘，好像也没有什么人在身后还想着他们。

"坐汽车的人都该枪毙"

一位北大学生，黄昏时分，打北河沿走回沙滩。一辆汽车飞也似的从身边驰过，溅了他一裤泥水点子。

他心里立即充满焰腾腾的怒火，一直到宿舍仍未有半分减弱。一走进宿舍门，他就大声地对正在埋首伏案的两位同学嚷着："坐汽车的人都该枪毙！"

这晚他们都没怎么睡，几个人从贫富的悬殊谈到阶级的分化，以及国家是如何被"汽车阶级"所败坏。隔日，咒骂汽车的人把这些思考和讨论的结果写成了一篇札记，发表在北大学生自办的一个刊物上。在文章里，他再次重复着那句充满怒气的话："坐汽车的人都该枪毙！"

刊物的名字，叫《新潮》。文章作者的名字，叫傅斯年。

几个月后，由傅斯年任总指挥，北京几所高校的学生走向街头，走向东交民巷，走向赵家楼。五四运动爆发了，这之后的两三个月里，从来不堵车的北京城时时陷入因游行、讲演和警察逮捕学生引起的道路阻塞。大街上的汽车少了许多。

清华学校的学生离城远，没能参加5月4日当天的行动。不过，他们很快参加到北京高校的罢课游行行列中，而且比别的学校更激进。章宗祥的小儿子在清华读书，立即被驱逐出校，宿舍物品被打得粉碎。

6月的一天，清华学生队伍游行到西单，与一辆汽车狭路相逢。那还是运动的初期，汽车的司机不识好歹，照以往的惯例，按动喇叭要求学生让路。

这个举动惹火了清华游行队伍。学生们商量着：

"我们把它掀翻了吧？"

"就是不知道里面坐的什么人。"老成持重一点的学生有些犹豫。

"管他什么人？这年头，坐汽车的有几个是好人？"有人想起了《新潮》里傅斯年的文章。

按照少数服从多数的民主原则，学生们发一声喊，那辆黑色的汽车立刻被掀翻在西单路旁的沟里。

这只是游行中的一个小插曲。队伍继续前进，不过，队伍中的一位清华学生目睹事件的全过程，不知为何，他开始对这次运动的意义产生了怀疑。回校后，他退出了五四运动。此人就是后来以散文名世的梁实秋。

三十年后，写文章骂汽车的傅斯年和目睹掀翻汽车的梁实秋都到了台湾。傅斯年任台湾大学校长，一年后猝死。梁实秋在台湾师范大学当教员，平平安安地活到了八十五岁。

穿越回1919年的巴黎，
我见到了梁启超

"你真是从2022年来的？"他坐在书桌前的圈椅里，一口多年了仍有些生硬的广东官话。

1919年巴黎近郊的秋色，正如主人所说，"天地肃杀之气，已是到处弥满"，院子里的秋海棠与野菊早已萎黄凋谢，远远的十几株百年合抱的大苦栗树，叶子也几将落尽，剩下几片也是在枝头挣命。照这样看来，全球气候的确在变暖——一百年后的此季在巴黎逛荡，阳光还暖暖怡人，入夜才能感受到塞纳河的冷。加上欧战之后，煤炭供应奇缺，这幢位于白鲁威的小楼还未生起壁炉，冷风一阵阵从窗缝中灌进来。我不禁打了个寒噤。

当然也是因为紧张，几乎不敢看主人炯炯的目光。他才四十七岁，正当盛年，而且二十多年前便已名满天下……Oh my god！我对面坐着一部活生生的近代史！

"是的，晚辈（太武侠了！）……学生（都差了三代了！）……我的的确确从2022年来……您看我身上这服饰，摇粒绒、牛仔裤……我是您的隔代粉丝……"真丢人，干吗语无伦次啊，穿越小说看太少了……

主人似乎有些怀疑，有些激动，但毕竟是大家，很快平静下来，指指桌上一沓文稿："那末，阁下知道启超正在撰写的，是何等文字吗？"

他这一问，我倒松弛下来了。"当然，您在写这四个多月的游欧感想，我来法国前刚刚当导游书又读过一遍……我不知道您起好书名没有，我读的书名为《欧游心影录》，收入《饮冰室合集》……"

主人的眼睛一下子睁大了，里面有惊喜交迸："这么说，启超此书当能传世！……请你告诉我，书中议论，可有契于后事之处？"

我沉吟了片刻："先生，据我看来，是书描写精当，说理透辟，且极富洞见，后学获益匪浅……不过，先生要有心理准备，此书于国内贩行，恐怕不太博时人青眼……"奇怪，跟梁任公说话，不自觉地就半文半白起来。

"哦，会是什么情形，请说说看。"

"六个月前，先生一纸电报，从巴黎飞往北京，引发偌大学潮，"（主人脸上漾出一点儿得意的笑。）"后来称为五四运动，不过，这不仅是反对《巴黎和约》的爱国风潮，新文化的主张亦借此铺扬渗发，至于全国。先生您知道，他们新派主张的是'德先生'与'赛先生'，您这书里，一面对英国巴力门议会制褒扬有加，一面却大谈'欧洲物质文明的破产'，这个，于一班新潮人马，"我突然想起一句清末白话报上的话，"就有些不贪收了。"

"然启超非抱残守缺之辈，实因游欧多时，目击神伤，抒之于怀而已。"主人叹了口气，"国内新进，何不能谅我苦心！"

"岂止当时？我上大学时，先生此书仍是哲学课批判对象。老师每每引书中一段若'我们可爱的青年啊！立正！开步走！大海对岸那边有好几万万人，愁着物质文明破产，哀哀欲绝地喊救命，等着你来超拔他哩'，以此证明守成主义之可笑莫名。"就是因为老师老批判，我对这段话印象最深，索性背了出来。

主人嘴张得老大，上下又打量我一番，似乎对我来自2022又相信了几分。半晌才缓缓道："先不谈启超的议论。阁下自未来到访，彼时民国果已强盛否？抑或积弱若故……世界文明日进，我数千年古国，当不至为外人奴役罢？"

这一百多年的风云，叫我咋能几句话说得清楚？好在答案不会令主人失望。"先生不必担心，中国近四十年与世俱新，已俨然跻身强国之列。2008年，还在北京举办了奥运会，呃，就是世界最大的运动会，那情形，"我猛地想起读过的主人著作，"就像先生在《新中国未来记》开头所述，美国、英国、俄国、日本，都有领袖来贺，其余各国皆有头等钦差代表致敬。先生预言要在上海开的'大博览会'，也于2010

年在上海召开，真个'处处有演说坛，日日开讲论会，竟把偌大一个上海，连江北，连吴淞口，连崇明县，都变作博览会场了'。"说到此，从心里觉得任公实在神奇，"先生短短一篇小说，不但预言了创立民国的伟人叫黄克强，"（主人十分得意地一笑。）"连上海世博会都早已猜到，真是天才！举行时间，虽比先生想象的1962年，晚了半个世纪，总算中国已步上富强之路，足以告慰先生了。"

"那末，彼时华夏社会，一切制度规划，尚有何等不足之处否？"主人听得入迷，不觉将柚木圈椅向我挪动了几步。

我咬了咬下唇，微喟道："还是被先生说中了，国力虽日益强盛，国内贫富悬殊，且日渐加剧，本来的弱势群体如农民、农民工、下岗工人之外，这两年又添出'蚁族'一说。大学毕业生收入既低，就业亦不易，怨望日生。先生是亲历者：前清为了变法图强，张之洞与袁世凯力主废科举，距今不过十四年，用意本善，惜无选举良法以代，反而阻滞了社会上下流通之路，人无上进之望，必生怨谤之心。此次'五四'风潮，以学生代议会，以罢工罢市促外交，后果若何，先生异日自知。即此难题，多少豪杰精英，摸索将近百年，仍久悬无方……先生，您在书中说欧洲当权者'打着国家旗号谋私人利益'，以致工业国家皆分为'资本国'和'劳动国'。九十年后，科技一日千里，知识的积累超越过往所有时代的总和，但文明幸福，似乎仍让人有画饼之叹哪。"

哇啦哇啦说了一大堆，好生口渴，端起几上茶杯喝了一口，却是凉的，不免皱了皱眉。

主人很是抱歉："煤不够了，除了吃饭时候，热水都是没有的。"

他笑了笑，站起来，转到书桌前，拿起几页手稿："我此次欧游，印象最深便是英国的威士敏士达寺（威斯敏斯特教堂），从十一世纪到二十年前，一直添造，一直修补，各时代的款式合冶一炉，居然不感觉有半点儿矛盾。试问我们中国人，可曾有预备一百年后才造成的房子吗？阁下距我不过百年，在将来的国史教科书上，也不过占上一页半页，算什么呢？着手国民运动，总要打定几代人方有小成的主意。这些话，都写在书里，听你说来，便是一百年后，启超的议论，倒还很不算过时哩！"

一手制造临城大劫案，
为何人质会喜欢他？

　　他们簇拥他进了花厅，头前有人一迭声喊"安席！安席！"旁边有声音杂乱地喊着"旅长！""五爷！"他扭过头，看见他的弟兄们被让进了侧边的小客厅……

　　突然一只手摸上胸腰，厉喝："干什么?!"话音刚散入空气，另一只手啪地拍在双眼上，世界霎时一片空白，只有呛人的石灰气飞进，一只手将头往下一按，颈脖处一阵凉。

　　整个花厅的时间停滞了两三秒。当时间从惊骇中恢复，呵斥声、缴械声、怒骂声、翻倒声、打斗声……

　　这一切他都听不见了。头颅骨碌碌滚到一旁，又被放入备好的石灰盒中。头颅还年轻，虚岁才二十六。

　　关于这一时期的史书，大抵不会遗漏他。关于他的来龙去脉，却只有淡淡几道笔墨。

　　他家原本是小康，因为交游广，在乡里也还颇有势力。

只是大哥不合去当了几年的粮子（当兵），回乡后总被当地军警说成"匪党"，无风三尺浪，有什么物事不曾勒掯到？于是七八顷良田折腾净尽。

大哥召集诸弟，撂下两条路：一、背井离乡外出谋生；二、拉杆子上山落草。二哥、三哥、四哥素来本分，第二日天麻麻亮便没了人影。

只有他跟着大哥，烧了房子，卖掉余产，招兵买马，硬铮铮地做了土匪。那一年他刚满二十。

年景不好，有想法的人多。这支杆子人多时，不下四千之众，打家劫舍，无所不为。官兵来时，少便死战，多便四散。大不了退回抱犊崮，那里地势原本险峻，队伍中多少山东老乡，刚从欧洲地界打完世界大战归国，精擅工事地道、战壕、蓄水池、防风洞，都不在话下。

瓦罐不离井口破，西集一战，大哥被官军打了黑枪。他成了大家的总司令。

1923年5月6日凌晨2时50分，津浦路由浦口开往北京的二次特别快车，行至山东省临城、沙沟间，被土匪弄断铁轨，劫掠乘客。头等车厢主要乘客均为西方人，一人被毙，廿六人被掳上匪巢抱犊崮。

一夜之间，他的名字震惊了世界。

为什么要绑这起洋票？说法众多。很多人说是日本指使的，试图借此在中国挑起事端，证据是整节头等车厢居然没有一名日本人。当时日人遍布中国各大商埠，难以想象一趟特别快车上居然没有日本乘客。另有消息透露，有几个日本人买了全程票，却在进入山东界内前下了车，仿佛知道前方有难。

而政府军透露，他们抓获了一名间谍，有充分证据显示，此次行动是段祺瑞的安福系策划，用意是败坏直系政府声名，引起国际纠纷。

而绑匪曾向谈判代表表示，他们不要钱，只是想谋求一个正式的名义，化匪为兵，脱离被官兵追剿的苦况。这大概是公众最不相信的一个理由。

难怪大家不信，这次土匪表现得实在不像"土匪"。他们先释放了人质中的妇女和儿童，接着他们准确地找到了人质中的新闻从业者——上海《密勒氏评论报》主编鲍威尔。土匪让鲍威尔负责与包围抱犊崮的政府军谈判，甚至允许这位美国人向上海的报纸寄发他的日记和信件。

土匪们的谈判条件也颇为稀奇，他们要枪、要军衣、要地盘，他们甚至要求撤换山东督军！连鲍威尔都说："这太荒谬了！我不相信哪个政府会答应这样的条件！"

然而北京政府已经焦头烂额，临城劫案引起西方各国的极度愤怒。有人说中国军队既然无法解决土匪，不妨由各国联军"代剿"；有人甚至提出"共管中国"。北京政府面临着巴黎和会之后最大的外交危机。

包围抱犊崮的两旅政府军投鼠忌器，一筹莫展。外国武官团的到来视察简直是火上浇油。他们不仅耀武扬威，还仔细盘问政府军的实力、部署、工事、火力，让中国官兵备感屈辱。

讨价还价中，事情有了转机。也许是土匪们确已弹尽粮绝，也许是政府军的飞机不断在空中绕行，让他们觉得天险不险，也许是他们厌倦了提心吊胆的日子……绑匪接受了收编，释放所有人质。西方人的劫数历时三十七天。

在谈判过程中，绑匪时时表现出朴诚与狡猾。当鲍威尔第一次代表土匪前往政府军驻地时，他惊异地发现同行的一位少年居然是匪首的儿子——或许这是传统的"以子为质"的中国人取信于人的方式？而在谈判条约签字时，他们完全不信任政府方面，提出要总税务司安迪生签字作保——保证政府不会"杀降"，并要求县里士绅与上海总商会代表到场作证。

洋人们回到上海，他下了山，总司令变成了旅长。六个月后，被杀。洋人、大官的签字并不总是有效的。

他没有留下只言片语，也没有任何一家报纸或记者采访过他，所以究竟为什么会有震惊中外的那场大劫案，似乎永远不会有标准答案。

二十年后，日本偷袭珍珠港，太平洋战争爆发。美国人鲍威尔在上海公共租界被日本人逮捕，关进提篮桥监狱。在那里，他惊喜地发现了一位熟人——同曾被山东土匪绑架的一位英国人。两位难友伸出手，紧紧握在了一起。那一瞬间，二十年前的中国经历一定同时掠过他们的心间——倾覆的列车，慌乱的人群，雨夜泥泞中的跋涉，匪窟中收到传教士送来的火腿与《圣经》，从山东回到上海时的万人空巷，信誓旦旦要保护侨民、严惩中国土匪的各国外交使团，赔着笑脸的中国官员与巨额赔偿……鲍威尔说，两个"山东土匪的前俘虏"同时喊出了一句话：

"我喜欢中国土匪，不喜欢日本无赖！"

这时，他，孙家老五，字明亮，大号美瑶，身首异处已有二十年。

官二代被打后，
让人绑架了黄金荣

一切的起因仍然是一个女人。

露兰春露老板，原本是上海滩过埠的角儿，一来二去竟变了长班。倒不是她的玩意儿有多好——能好过梅老板？有人看上她了，量珠求欢，还特为给她盖了一座戏院，叫"共舞台"。

那一日，共舞台的压轴戏，还是露老板的《落马湖》。捧场的人不少，可有规矩：只许叫好，不许嘘。偏巧有位公子哥儿，新来的吧，可劲儿地叫倒彩。露兰春在台上都觉得诧异：怎么会有这么大胆的人？

立即围上十几个人，一顿暴打，连公子带随从，如同开了个西洋水彩颜料铺，差点儿走不出共舞台。

戏院门口卖瓜子、汽水的看着他们连滚带爬钻进汽车，一个个撇嘴："小赤佬，不知天高地厚，也不打听打听这里的老板是谁？"

老板姓黄，大名上海滩无人不晓。他的名片比商务印书馆的洋装书还大，上面只有三个大字：黄金荣。大江南北，这张片子一亮，好使。

被打的叫卢筱嘉，知名度很低，不过他爸爸是浙江督军卢永祥，这下黄金荣有了麻烦。

那位说了：黄金荣在上海，浙江督军管得着？您是不知道，卢永祥以前就在上海当淞沪护军使，他的后任何丰林，也是他一手提拔起来的。

没几天，江湖上风云突变，火车站、黄浦江码头，多了好些黑衣黑裤的人，腰里鼓鼓地揣着家伙，严密监视着每一个出入的旅人。

媒体觉得奇怪，开始找熟人打听。喔哟哟！这还了得？黄金荣在家里被何丰林的人绑走了！据一个知道内情的人说，黄的徒弟们去找过杜月笙杜老板，杜说，必须多派人手，严防何丰林将黄老板运到浙江去。这个杜可以帮忙，但是，向淞沪护军使去要人，杜老板说，他没有这个资格。

上海滩遇上绑架案，亲属要赎，一般是去请"老头子"出来讲话。可是，黄金荣自己就是老头子，他被绑了怎么办？只好去请"比他老的老头子"。那几乎只有一位：虞洽卿。

虞大老板几十年的老脸，何丰林不能不给，不过他可以推，话里话外意思很明显，要放黄金荣，必须卢永祥点头。

虞洽卿亲自去了杭州。记者们在俱乐部里喝咖啡时猜测：赎金到底带了多少？卢永祥不是土匪，不可能开价，送多少全靠虞老板的判断。送少了，黄金荣就出不来了。两个记者还为此打了一百元的赌。

到底是虞老板，人从杭州火车站登车时，卢永祥的电话已经到了上海。等他回到上海，黄金荣已经坐在自己家里，正喝参汤补气。

这件事比大总统黎元洪下台还要轰动，被评为1921年十大娱乐新闻之首。卢公子也跟着出了大名，谁不知道有个让黄金荣栽了跟斗的卢公子？

两年后，卢筱嘉奉父亲之命，到沈阳联系奉军。谈判不太顺利，有奉军军官出主意：谈不谈得成没关系，卢筱嘉是块肥肉，我们干脆绑他一票，不愁他老子不把从黄金荣那儿吃来的黑钱吐出来！

张大帅还没点头，风声已经泄露。卢公子吓得爬起来就跑，连夜逃进关内。谈判宣告破裂，第二次直奉大战即将打响，距他爹卢永祥下台的日子不远了。

三十多岁没老婆就该成疑犯吗？

用今天的眼光来看，这个发生在民国的老故事还蛮有看头的，又是凶杀，又是同性恋，又是扑朔迷离的三角关系，更何况主角还是名人。

这是二十世纪三十年代发生在杭州西子湖畔的一起惨案，很适合作为侦探小说家的素材：某位先生回其住处，发现大门紧锁，觉得蹊跷，于是从后门翻进房内。惊见前门边躺着两个浑身是血的女性，一死一伤，立刻报警，这起案件在沪杭等地轰动一时。

如果我是民国小报的记者，碰到这样的题材一定是大喜过望，因为案件的当事人是许钦文，而其中涉及的两位女性一是许的好友、画家陶元庆的妹妹陶思瑾；一是陶思瑾的好友刘梦莹。陶思瑾被木棍击伤昏倒，刘则因身上的刀伤身亡。你想：男方是文坛小有名气的青年作家；女方是很能惹起看客遐思的女学生，一男两女，背后有多少故事可以发掘，写连载小说怕至少能写上一两个月。从题目起就可大玩噱头，什么情海生波、才子佳人、苦命鸳鸯……哀感顽艳，最能吸引读者眼球。

这起案件一开始就引人注目，而且随着案情的明了化，它的吸引度有增无减，因为真相超出一般人的想象。案子倒真是情杀案，不过爱情悲剧的主角是两位女性，与许钦文无关。

事情缘起在于好友陶元庆去世后，许钦文筹款为他修建纪念堂一所，罗列其遗作遗物，自己就住在纪念堂边的小屋内，并将好友的妹妹陶思瑾安排在另一房间内以便照顾。陶思瑾和刘梦莹原是同性恋人，曾相约不嫁。1932年，因为"一·二八事变"，家住上海的刘梦莹到陶思瑾处借住避难，陶听说刘别有所恋，两人遂起争执，最后发展到用菜刀、木棍互相攻击，直到一人身亡、一人昏倒。

女学生之间发生同性情谊在民国时期是常见风气，不少小说家在作品中叙述过这种非同一般的情感。郁达夫的《迷羊》更是将同性恋爱和革命熔于一炉，在今天的读者看来，恐怕仍会有点儿"惊世骇俗"之感。

不过案子破了，最倒霉的确是许钦文，他被刘梦莹的姐姐以"妨害家庭罪"为名告上法庭。当时许钦文三十六岁，一直单身无妻，糊涂法官就据此怀疑三人之间有情感纠葛，觉得他脱不了干系，让他坐了一年多的监房。许钦文入狱后，得鲁迅、蔡元培等人疏通呼吁，终于得以出狱，遂写下《无妻之累》一文记述事情经过。

多年以后，当年甚嚣尘上的案件已经成了故纸堆里不起眼的逸事一桩。重新翻出这个故事，是因为在陶、刘之间颇有震撼性的同性恋悲剧之外，它另有让人唏嘘之处：1937年，许钦文以《无妻之累》为名出散文集一本。此时遭受不白之冤的他，早已离开杭州这个是非之地，但在为此书设计封面时，他选用的仍是老友陶元庆的遗作《吹箫人》。

梅贻琦"冒死"陪坐飞机

1930年，中央研究院研究员王云五接任商务印书馆总经理。王云五个性很强，提了两个条件：（一）实行总经理负责制，他一个人说了算；（二）就职后先赴日本与欧美考察半年，研究科学管理。条件虽然苛刻，董事会也只能答应，毕竟像王云五那样既懂研究又懂经营的人才太少。

5月，王云五到了美国。当时的留美学生监督梅贻琦（后来做了清华大学校长）在国内就是王的好友，这次自然全程陪同。王云五前往考察的各大企业也有代表随行，一行人浩浩荡荡，蔚为壮观。

一日，来到一个飞机场，这里的飞机专供游客乘坐。1930年，不要说国内坐过飞机的人不多，在美利坚这也是希罕物事。王云五一见飞机，豪兴大发，先问同行的中外人士，有谁坐过飞机？大家一齐摇头，这东西不牢靠得很，军队战机尚且常有坠毁的传闻，谁敢拿性命开玩笑？

王云五大不以为然：飞机有什么？又不是没坐过！王某

愿意上天去转一圈，诸君谁愿同往？在场的老美，立即坚决拒绝：Mr Wang，我们很佩服您的勇气，抱歉我无法陪同您do that。这话不用翻译，王云五颇有些失望。只有梅贻琦含笑不语。

这一下王云五来劲了：月涵，你可愿陪我一游？梅贻琦点点头。王云五大喜，立即询问登机飞行事项。机场告知二人，本机场不负责游客的安全，起飞前须签署自愿飞行文件，并声明如遇不测，须通知某处之亲友云云。王云五并不犹豫，抓过笔一挥而就，但是他停顿了一下，回头问："月涵，我是坐过飞机的，我不怕。你呢？"梅贻琦摇摇头，又点点头。"不再考虑一下吗？"梅贻琦摇摇头。于是登机。

升空之时，地面上同行诸人纷纷挥手告别。有人还摸出手巾拭眼泪；有人张开了嘴，飞机轰鸣声太大，听不出是否在唱《友谊地久天长》。一会儿，飞机升入高空，再也看不见了。

也不知过了多久，才看见一个小黑点又出现在天边，嗡嗡声越来越大，渐渐看见飞机轮廓……继续下降……俯冲……着地……滑行……停，王先生和梅先生的笑脸出现在舷梯边，多少人悬着的一颗心才怦然落定。

大家一拥而上，围住两人，好像欢迎归来的英雄。梅贻琦脸色微微有点儿发白，紧紧握住王云五的手，道："方才是患难朋友，现在又变了安乐朋友！"

多年后，梅贻琦在回忆录里承认，当时他并不愿上飞机，只是没有人陪客人，面子上实在说不过去，这才硬着头皮登机，感觉像是去鬼门关转了一圈。

　　记得2003年"非典"那会儿，我从北京去外地的老友处玩，行前问他：怕不怕？他说不怕。去了以后，北京风声渐紧。再问他怕不怕？答：十几年交情了，怕又如何？

　　当时看新闻，一位澳大利亚居民说，他不明白他的中国邻居在"非典"期间为什么还敢接待来自中国的亲友，"要是我，"他说，"一定坚决拒绝他们进入我的房屋，无论是谁。"他不明白，在许多中国人眼里，"生死"是飘忽不定的，而"面子"永远与我们同在。

如果端纳喝啤酒，
西安事变就没他的份儿？

这个故事是一位欧洲汉学家告诉我们的。他的中文口语不太好，但说得神采飞扬：

那是我看过的最莫名其妙的一本书！叫做 *Donald of China*（意为"中国的唐纳"）。不是 McDonald，是 Donald。Donald 是澳大利亚人，但是不喝啤酒——澳大利亚人个个都喝很多啤酒。当时香港的英文报纸要一个记者，听说他不喝啤酒，说：好，我要这个人！（为什么记者不能喝啤酒？我们都不懂）他到了香港，不说中国话，什么中国话都不说（这是 Don't speak Chinese 的直译，其实是不会说），但是他采访中国的新闻。

他到广州去，到衙门去，要求见两广道台（大概是指两广总督或广州知府），可是他不说中国话，没有人知道他要干什么。他就坐在衙门的大门口，他来的时候是早上，一直到中午还不走。太阳越来越毒——广州的太阳，很毒的。但是他还是不走。这时走来一个会说英文的中国人，问他要干什么。他说，我要见两广道台。那人说，你这样不行的，你要通过英国使馆约见大人。他说：我是记者，我不管什么使馆，我要见道台。又来了一个英国军舰上的军官，大家一起劝他，他不走。这时大门突然开了，他们说：你成功了。

他进去见了道台，道台叫人送 champagne，啊，就是香槟，来招待他。他说，我不喝酒，什么酒也不喝。大家又劝他，这是礼貌，喝一点点好了，就一点点。他说："不，你给我照翻。我不认为喝酒是我们交谈的基础。我告诉你我想什么，你告诉我你想什么，这是我们交谈的基础。"大家没办法，给他翻译给道台听。道台听了哈哈大笑，说：我喜欢这个人。从此他就能从道台那里得到很多情报。

他后来在中国做了很多事。他参加了同盟会，帮中国人搞革命，他认识孙中山，给孙出了很多主意。袁世凯的《二十一条》是他首先报道的。他什么中国话都不说，什么日语都不说，但是他探听到这个条约的内容，把它公开了。这是很厉害的，当时没有什么人知道这个内容。

他后来还认识了蒋介石和其夫人宋美龄，西安事变后，他陪着宋美龄到西安救蒋介石……

我终于知道这个Donald是谁了。在中国的史书里，他的名字被译作特纳，或端纳。他是蒋介石的私人顾问。这个老外在西安事变中起了相当大的作用，小时候看电影《西安事变》，他是唯一一个全程参与其事的外国人，还记得有一个镜头是他代表宋美龄去找何应钦谈判，要求停派飞机轰炸西安。何不同意，特纳摔门而去。这个细节，和他拒绝喝道台香槟的举动，性格上很一致啊。

· · ·  · · ·

图书在版编目（CIP）数据

说史记 / 杨早著. -- 北京：北京联合出版公司，
2023.5
ISBN 978-7-5596-6702-1

Ⅰ.①说… Ⅱ.①杨… Ⅲ.①社会史 - 中国 - 近代
Ⅳ.①K25

中国国家版本馆CIP数据核字(2023)第056670号

说史记

著　者：杨　早
出品人：赵红仕
选题策划：**后浪出版公司**
出版统筹：吴兴元
责任编辑：周杨
特约编辑：张宇帆　林立扬
营销推广：ONEBOOK
封面设计：杨　慧

北京联合出版公司出版
（北京市西城区德外大街83号楼9层　100088）
后浪出版咨询（北京）有限责任公司发行
河北中科印刷科技发展有限公司印刷　新华书店经销
字数162千　787毫米×1092毫米　1/32　8.5印张
2023年5月第1版　2023年5月第1次印刷
ISBN 978-7-5596-6702-1
定价：78.00元